Técnico/a en Cuidados Auxiliares de Enfermería del Servicio de Salud de Castilla-La Mancha (SESCAM)

Mayo 2025

Curso

SE05

*La diferencia entre aprobar
y sacar plaza*

Técnico/a en Cuidados Auxiliares de Enfermería

SERVICIO DE SALUD DE CASTILLA-LA MANCHA (SESCAM)

Si aún no dispones de tu **Curso MAD360**, te ofrecemos un acceso GRATIS de 30 días para que disfrutes de los siguientes recursos:

- Técnicas de Memoria 360.
- MADTEST: Test *online* Nivel PRO.
- Temario en formato digital.
- Vídeos.
- Esquemas.
- Planificación de estudio flexible.
- Foro entre opositores.
- Recursos y novedades exclusivas.
- Consúltanos sobre tu oposición y proceso selectivo.
- Actualizaciones trimestrales del temario.

Para acceder a esta prueba del Curso MAD360* será necesaria la compra de todos los libros para esta especialidad de la edición 2025.

Valida los códigos que encuentras en la última página de tus libros y disfruta de la experiencia MAD360. Y para adquirir tu Curso MAD360 pincha en la opción RENOVAR que encontrarás en tu panel.

Infórmate en: mad.es/registro-campus

NOTA IMPORTANTE:

* El acceso al CURSO MAD360 estará disponible desde mayo de 2025 (algunos recursos podrían estar disponibles en fecha posterior). Tendrá una duración de 30 días RENOVABLES mediante pago, desde la validación de códigos, o hasta el 30 de noviembre de 2026, lo que se cumpla antes.

MAD se reserva el derecho a ampliar dichas fechas.

Técnico/a en Cuidados Auxiliares de Enfermería del Servicio de Salud de Castilla-La Mancha (SESCAM)

Test del temario

Autores

DOMINGO GÓMEZ MARTÍNEZ
LICENCIADO EN DERECHO
TÉCNICO DE FUNCIÓN ADMINISTRATIVA

FRANCISCO JESÚS TORRES FONSECA
LICENCIADO EN DERECHO

JUAN CARLOS USERO LÓPEZ
LICENCIADO EN DERECHO

JOSÉ LUIS GARRIDO VELA
LICENCIADO EN DERECHO

LUIS SILVA GARCÍA
DIPLOMADO UNIVERSITARIO EN ENFERMERÍA
RECUPERACIÓN DE URGENCIAS

ROCÍO CLAVIJO GAMERO
LICENCIADA EN PSICOLOGÍA

M.ª JOSÉ GARCÍA BERMEJO
LICENCIADA EN BIOLOGÍA
TÉCNICO SUPERIOR EN LABORATORIO DE DIAGNÓSTICO CLÍNICO

CARMEN ROSA JUNQUERA VELASCO
DIPLOMADA UNIVERSITARIA EN ENFERMERÍA

JUAN MANUEL GIL RAMOS
LICENCIADO EN MEDICINA

JOSÉ MANUEL GONZÁLEZ RABANAL
LICENCIADO EN DERECHO

JOSÉ MANUEL ANIA PALACIO
MÉDICO

LUIS FERNANDO RODRÍGUEZ SUÁREZ
DOCTOR EN MEDICINA Y CIRUGÍA

FÁTIMA MILLÁN BRAVO
LICENCIADA EN MEDICINA

MARÍA SANTAMARTA MARTÍNEZ
DIPLOMADA UNIVERSITARIA EN ENFERMERÍA

© 7 Editores Recursos para la Cualificación Profesional y el Empleo, S.L. (7 Editores)
© Los autores
Primera edición, mayo 2025 (206 páginas)
Derechos de edición reservados a favor de 7 Editores
IMPRESO EN ESPAÑA
Diseño Portada: 7 Editores
Edita: 7 Editores
Avda. San Francisco Javier, 9 · Edificio Sevilla 2 · Planta 11 · Módulos 25-27 · 41018 Sevilla
Teléfono: 954 784 411 · WEB: www.mad.es · e-mail: administracion@7editores.com
ISBN: 978-84-142-9497-0
© "Editorial Mad" y "Eduforma" son nombres comerciales registrados de
7 Editores Recursos para la Cualificación Profesional y el Empleo, S.L.

Índice

TEST PARTE COMÚN

TEST PARTE ESPECÍFICA

TEST PARTE COMÚN

TEST N.º 1

La Constitución Española: Derechos y deberes fundamentales. La protección de la salud en la Constitución. El Estatuto de Autonomía de Castilla-La Mancha: Instituciones de la Comunidad Autónoma de Castilla-La Mancha; Competencias de la Junta de Comunidades de Castilla-La Mancha. La igualdad efectiva entre hombres y mujeres. Políticas de igualdad. Medidas de protección integral contra la violencia de género

1. ¿En qué se fundamenta la Constitución Española?

a) En un Estado social y democrático de Derecho.
b) En la indisoluble unidad de la Nación española.
c) En la independencia de los poderes del Estado.
d) En la organización territorial del Estado.

2. Según el artículo 3 de la CE, el castellano es la lengua oficial del Estado y todos los españoles:

a) Tienen el deber de usar y el derecho de conocer el castellano.
b) Tienen el derecho y el deber de conocer el castellano.
c) Tienen el deber de conocer y el derecho de usar el castellano.
d) Tienen el derecho de conocer y usar el castellano.

3. La Constitución Española reconoce y garantiza el derecho a la autonomía:

a) De las nacionalidades que la integran.
b) De las regiones que la integran.
c) De las Comunidades Autónomas que la integran.
d) De las nacionalidades y regiones que la integran.

4. El Preámbulo de la Constitución:

a) Tiene en sí carácter de norma jurídica.
b) Es una declaración de intenciones, destinada a interpretar lo que se quiere alcanzar con el contenido normativo de la Constitución.

c) Se trata de un texto sin fuerza jurídica de obligar.

d) Las respuestas b) y c) son correctas.

5. Señala la afirmación correcta, respecto de la aprobación, ratificación y publicación de la Constitución Española:

a) Aprobada por las Cortes el 31 de octubre de 1978, ratificada por el pueblo en referéndum el 6 de diciembre de 1978 y publicada el 29 de diciembre de 1978.

b) Aprobada por las Cortes el 30 de octubre de 1978, ratificada por el pueblo en referéndum el 16 de diciembre de 1978 y publicada el 27 de diciembre de 1978.

c) Aprobada por las Cortes el 31 de octubre de 1978, ratificada por el pueblo en referéndum el 16 de diciembre de 1978 y publicada el 29 de diciembre de 1978.

d) Aprobada por las Cortes el 10 de octubre de 1978, ratificada por el pueblo en referéndum el 26 de diciembre de 1978 y publicada el 30 de diciembre de 1978.

6. ¿En qué parte de la Carta Magna se establece la exposición de motivos que impulsan la norma constitucional y los objetivos que con ella se pretenden alcanzar?

a) En el Título preliminar.

b) En el Preámbulo.

c) En el Título I.

d) En el Título II.

7. La Constitución Española fue sancionada por:

a) El Rey.

b) El Presidente del Congreso.

c) Las Cortes Generales.

d) El Presidente del Gobierno.

8. ¿Cuáles de los siguientes españoles de origen pueden ser privados de su nacionalidad?

a) Exclusivamente los miembros de grupos terroristas.

b) Los miembros de grupos terroristas y los que atenten contra el Rey u otro miembro de la Casa Real.

c) Los que atenten contra un miembro de la Familia Real o del Gobierno de la Nación.

d) Ningún español de origen podrá ser privado de su nacionalidad.

9. Según la CE son fundamentos del orden político y la paz social:

a) La dignidad de la persona, los derechos violables que les son inherentes y el respeto a la ley.

b) La dignidad de la persona, el desarrollo limitado de la personalidad y el respeto a la ley.

c) El respeto a la ley, a los reglamentos administrativos y demás disposiciones legales.

d) La dignidad de la persona, los derechos inviolables que le son inherentes, el libre desarrollo de su personalidad, el respeto a la ley y a los derechos de los demás.

10. ¿Cuál de los siguientes es considerado por la CE como uno de los valores superiores del ordenamiento jurídico?

a) La jerarquía normativa.
b) El pluralismo político.
c) La publicidad normativa.
d) La equidad.

11. La forma política del Estado español es:

a) Democracia parlamentaria.
b) Gobierno parlamentario.
c) Monarquía parlamentaria.
d) República democrática.

12. La parte de la CE que regula la estructura de los principales órganos del Estado recibe el nombre de:

a) Parte dogmática.
b) Parte orgánica.
c) Parte estatal.
d) Parte estructural.

13. Según la CE, la soberanía nacional:

a) Corresponde a las Cortes Generales, al estar compuestas por los representantes del pueblo.
b) Corresponde al Rey.
c) Reside en el pueblo español.
d) Corresponde al Gobierno de la Nación elegido directamente por el pueblo.

14. El derecho a la propiedad en nuestra Constitución es un Derecho:

a) Inherente a la condición humana.
b) Absoluto.
c) Limitado por la función social del mismo.
d) Ninguna de las respuestas anteriores es correcta.

15. ¿En qué parte de la Carta Magna se señalan los valores superiores del ordenamiento jurídico?

a) En el Preámbulo.
b) En el Título Preliminar.
c) En el Título I.
d) Ninguna respuesta es correcta.

16. ¿Cuál de las siguientes es una de las características de nuestra Constitución de 1978?

a) Consensuada.
b) Corta.
c) Conservadora.
d) Original

17. Son el fundamento del orden político y de la paz social:

a) El libre desarrollo de la personalidad.
b) Los derechos inviolables que les son inherentes.
c) El respeto a la ley y a los derechos de los demás.
d) Todas las respuestas son correctas.

18. ¿Qué quedará excluido de extradición?

a) Los delitos criminales.
b) Los delitos políticos.
c) Los actos de terrorismo.
d) Ninguno.

19. ¿Qué debe ser democrático, a tenor de lo dispuesto en la Constitución Española, en los sindicatos de trabajadores y las asociaciones empresariales?

a) Su funcionamiento.
b) Su estructura interna.
c) Su funcionamiento y estructura interna.
d) Sus órganos asamblearios.

20. ¿De cuántos Capítulos consta el Título I de la CE de 1978?

a) De tres.
b) De cinco.
c) De dos.
d) De cuatro.

En MADTEST tienes **más preguntas de este tema**, y todos tus avances quedan registrados y se reflejan en el ranking.

¡Supera tus límites con MADTEST!

Solución al test n.º 1

1. b) En la indisoluble unidad de la Nación española.

2. c) Tienen el deber de conocer y el derecho de usar el castellano.

3. d) De las nacionalidades y regiones que la integran.

4. d) Las respuestas b) y c) son correctas.

5. a) Aprobada por las Cortes el 31 de octubre de 1978, ratificada por el pueblo en referéndum el 6 de diciembre de 1978 y publicada el 29 de diciembre de 1978.

6. b) En el Preámbulo.

7. a) El Rey.

8. d) Ningún español de origen podrá ser privado de su nacionalidad.

9. d) La dignidad de la persona, los derechos inviolables que le son inherentes, el libre desarrollo de su personalidad, el respeto a la ley y a los derechos de los demás.

10. b) El pluralismo político.

11. c) Monarquía parlamentaria.

12. b) Parte orgánica.

13. c) Reside en el pueblo español.

14. c) Limitado por la función social del mismo.

15. b) En el Título Preliminar.

16. a) Consensuada.

17. d) Todas las respuestas son correctas.

18. b) Los delitos políticos.

19. c) Su funcionamiento y estructura interna.

20. b) De cinco.

TEST N.º 2

Ley General de Sanidad: Organización general del Sistema Sanitario Público; Los Servicios de Salud de las Comunidades Autónomas y Las Áreas de Salud. Ley de Ordenación Sanitaria de Castilla-La Mancha: Disposiciones generales; Plan de Salud de Castilla-La Mancha, Competencias de las Administraciones Públicas: El Servicio de Salud de Castilla-La Mancha: funciones, organización y estructura

1. Señala cuál de las siguientes es una de las funciones del Consejo de Gobierno de la Junta de Comunidades de Castilla-La Mancha:

a) Controlar e inspeccionar las actividades del Sistema Sanitario de Castilla-La Mancha y su adecuación al Plan de Salud.

b) Aprobar el reglamento de estructura y funcionamiento del Servicio de Salud de Castilla-La Mancha en los términos marcados en la Ley de Ordenación Sanitaria.

c) Autorizar, catalogar y, en su caso, acreditar los centros, servicios y actividades sanitarias, así como el mantener los registros pertinentes.

d) Aprobar la delimitación, dentro de las Áreas de Salud, de las Zonas Básicas de Salud y de cualquier otra ordenación.

2. ¿Cuál es la definición de Sistema Nacional de Salud que establece la Ley General de Sanidad (Ley 14/1986, de 25 de abril)?

a) Es el conjunto de los Servicios de Salud de las Comunidades Autónomas, coordinados en el Consejo Interterritorial del Sistema Nacional de Salud.

b) Es el conjunto de los Servicios de Salud dependientes del Instituto Nacional de la Salud y de los Servicios de Salud de las Comunidades Autónomas en los términos establecidos en la Ley General de Sanidad.

c) Es el conjunto de los Servicios de Salud de la Administración del Estado y de los Servicios de Salud de las Comunidades Autónomas en los términos establecidos en la Ley General de Sanidad.

d) Es el conjunto de los servicios de Salud de las Comunidades Autónomas y de las Corporaciones Locales en los términos establecidos en la Ley General de Sanidad.

3. El objeto de la Ley General de Sanidad es:

a) La reforma del sistema sanitario privado.

b) Las necesidades de mejora en los servicios prestados a los ciudadanos extranjeros.

c) La distribución de competencias entre el Estado y las Comunidades Autónomas y las Corporaciones Locales.

d) Hacer efectivo el derecho a la protección de la salud.

4. Según dispone la Ley 14/1986, de 25 de abril, General de Sanidad, son titulares del derecho a la protección de la salud y a la atención sanitaria:

a) Únicamente los ciudadanos manchegos.

b) Todos los españoles.

c) Cualquier ciudadano.

d) Todos los españoles y los ciudadanos extranjeros que tengan establecida su residencia en España.

5. Los medios y actuaciones del sistema sanitario estarán orientados prioritariamente a:

a) La curación y la rehabilitación.

b) La promoción de la salud.

c) Atender los grupos de riesgos desde el punto de vista sanitario.

d) La promoción de la salud y la prevención de las enfermedades.

6. ¿Cómo se denominan –según lo dispuesto en la Ley General de Sanidad– las estructuras fundamentales del sistema sanitario en las Comunidades Autónomas, responsables de la gestión unitaria de los Centros y establecimientos de los Servicios de Salud de las Comunidades Autónomas?

a) Centros hospitalarios.

b) Áreas de Salud.

c) Delegaciones Provinciales de Salud.

d) Centros de Salud.

7. ¿En qué artículo de la Constitución de 1978 se reconoce el derecho a la protección de la salud de todos los ciudadanos?

a) En el artículo 23.

b) En el artículo 32.

c) En el artículo 34.

d) En el artículo 43.

8. Las Áreas de salud se distribuyen, de forma desconcentrada, en demarcaciones territoriales delimitadas, teniendo en cuenta factores de diversa índole, pero sobre todo, respondiendo a unas ideas principales, entre las que no figura:

a) Proximidad de los servicios a los usuarios.
b) Gestión descentralizada.
c) Gestión participativa.
d) Recursos económicos de la comunidad.

9. ¿A quién corresponde elaborar el reglamento de composición y funcionamiento del Servicio de Salud de Castilla-La Mancha?

a) A la Consejería competente en materia de sanidad.
b) Al Consejo de Gobierno de la Junta de Comunidades de Castilla-La Mancha.
c) Al Ministerio competente en materia sanitaria.
d) Al Consejo Económico y Social.

10. La ordenación territorial de los Servicios de Salud será competencia:

a) Del Estado.
b) De las Comunidades Autónomas.
c) De los Ayuntamientos.
d) De las Diputaciones Provinciales.

11. Señala la respuesta incorrecta respecto al Consejo de Dirección del Área de Salud:

a) El Consejo de Dirección estará formado por la representación de la Comunidad Autónoma, que supondrá el 50 por 100 de los miembros de aquel, y los representantes de las Corporaciones Locales, elegidos por quienes ostenten tal condición en el Consejo de Salud.
b) Al Consejo de Dirección del Área de Salud corresponde formular las directrices en política de salud y controlar la gestión del Área, dentro de las normas y programas generales establecidos por la Administración autonómica.
c) Al Consejo de Dirección le corresponde el establecimiento de los criterios generales de coordinación en el Área de Salud.
d) Una de las funciones del Consejo de Dirección del Área es la aprobación del proyecto del Plan de Salud del Área, dentro de las normas, directrices y programas generales establecidos por la Comunidad Autónoma.

12. ¿Qué título de la Ley 14/1986, de 25 de abril, General de Sanidad, regula la estructura del sistema sanitario público?

a) El Título II.
b) El Título III.

c) El Título V.
d) El Título VI.

13. Señala cuál de los siguientes no es uno de los factores a tener en cuenta a la hora de delimitar las áreas de salud:

a) Factores socioeconómicos.
b) Factores religiosos.
c) Factores culturales.
d) Factores climatológicos.

14. Como regla general, y sin perjuicio de las excepciones a que hubiera lugar, el Área de Salud extenderá su acción a una población:

a) No inferior a 50.000 habitantes ni superior a 150.000.
b) No inferior a 100.000 habitantes ni superior a 250.000.
c) No inferior a 200.000 habitantes ni superior a 250.000.
d) No inferior a 200.000 habitantes ni superior a 350.000.

15. Señala la respuesta incorrecta respecto a las Áreas de Salud:

a) Cada Área de Salud estará vinculada o dispondrá, al menos, de un hospital general, con los servicios que aconseje la población a asistir, la estructura de esta y los problemas de salud.
b) El hospital es el establecimiento encargado tanto del internamiento clínico como de la asistencia especializada y complementaria que requiera su zona de influencia.
c) Las Áreas de Salud se delimitarán teniendo en cuenta factores geográficos, socioeconómicos, demográficos, laborales, epidemiológicos, culturales, climatológicos y de dotación de vías y medios de comunicación, así como las instalaciones sanitarias del Área.
d) En todo caso, cada provincia tendrá, como mínimo, dos Áreas de Salud.

16. A tenor del artículo 57 de la Ley 14/1986, el órgano de participación de las Áreas de Salud es:

a) El Consejo de Salud de Área.
b) El Consejo de Dirección de Área.
c) El Gerente de Área.
d) El Comité de Participación del Área.

17. Los Consejos de Salud de Área están constituidos por:

a) Las organizaciones sindicales más representativas, en una proporción no inferior al 50 por 100, a través de los profesionales sanitarios titulados.
b) La Administración Sanitaria del Área de Salud.

c) La representación de los ciudadanos a través de las Corporaciones Locales comprendidas en su demarcación, que supondrá el 25 por 100 de sus miembros.

d) Todas las respuestas son correctas.

18. Una de las funciones del Consejo de Salud de Área es:

a) Proponer medidas a desarrollar en el Área de Salud para estudiar los problemas sanitarios específicos de la misma, así como sus prioridades.

b) La aprobación de las prioridades específicas del Área de Salud.

c) La propuesta de nombramiento y cese del gerente del Área de Salud.

d) La aprobación de la Memoria anual del Área de salud.

19. Señala la respuesta incorrecta respecto al Gerente del Área de Salud:

a) Es el encargado de la ejecución de las directrices establecidas por el Consejo de Dirección, de las propias del Plan de Salud del Área y de las normas correspondientes a la Administración autonómica y del Estado.

b) Es el órgano de gestión del Área.

c) Puede, previa convocatoria, asistir con voz y voto, a las reuniones del Consejo de Dirección.

d) Es nombrado y cesado por la Dirección del Servicio de Salud de la Comunidad Autónoma, a propuesta del Consejo de Dirección del Área.

20. ¿A quién corresponde la elaboración del Plan de Salud de Castilla-La Mancha?

a) A la Consejería competente en materia de sanidad.

b) Al Consejo de Gobierno de Castilla-La Mancha.

c) Al Ministerio competente en materia sanitaria.

d) Al Consejo Económico y Social.

En MADTEST tienes **más preguntas de este tema**, y todos tus avances quedan registrados y se reflejan en el ranking.

¡Supera tus límites con MADTEST!

Solución al test n.º 2

1. b) Aprobar el reglamento de estructura y funcionamiento del Servicio de Salud de Castilla-La Mancha en los términos marcados en la Ley de Ordenación Sanitaria.

2. c) Es el conjunto de los Servicios de Salud de la Administración del Estado y de los Servicios de Salud de las Comunidades Autónomas en los términos establecidos en la Ley General de Sanidad.

3. d) Hacer efectivo el derecho a la protección de la salud.

4. d) Todos los españoles y los ciudadanos extranjeros que tengan establecida su residencia en España.

5. d) La promoción de salud y prevención de las enfermedades.

6. b) Áreas de Salud.

7. d) En el artículo 43.

8. d) Recursos económicos de la comunidad.

9. a) A la Consejería competente en materia de sanidad.

10. b) De las Comunidades Autónomas.

11. a) El Consejo de Dirección estará formado por la representación de la Comunidad Autónoma, que supondrá el 50 por 100 de los miembros de aquel, y los representantes de las Corporaciones Locales, elegidos por quienes ostenten tal condición en el Consejo de Salud.

12. b) El Título III.

13. b) Factores religiosos.

14. c) No inferior a 200.000 habitantes ni superior a 250.000.

15. d) En todo caso, cada provincia tendrá, como mínimo, dos Áreas de Salud.

16. a) El Consejo de Salud de Área.

17. b) La Administración Sanitaria del Área de Salud.

18. a) Proponer medidas a desarrollar en el Área de Salud para estudiar los problemas sanitarios específicos de la misma, así como sus prioridades.

19. c) Puede, previa convocatoria, asistir con voz y voto, a las reuniones del Consejo de Dirección.

20. a) A la Consejería competente en materia de sanidad.

Ley de Cohesión y Calidad del Sistema Nacional de Salud: Ordenación de prestaciones; Garantías de las prestaciones; Consejo Interterritorial. Ley de garantía de la atención sanitaria y del ejercicio de la libre elección en las prestaciones del Servicio de Salud de Castilla-La Mancha

1. ¿Quién realiza las acciones de coordinación y cooperación de las Administraciones Públicas sanitarias?

a) El Consejo Interterritorial.
b) La Alta Inspección.
c) Son correctas las opciones a y b.
d) Ninguna es correcta.

2. Las acciones de coordinación y cooperación de las Administraciones Públicas sanitarias, no comprenderán:

a) Las prestaciones sanitarias.
b) La farmacia.
c) Los profesionales.
d) La salud privada.

3. La cohesión y calidad del Sistema Nacional de Salud, se aprobó por ley, en el año:

a) 2002.
b) 2003.
c) 2004.
d) 2005.

4. ¿De cuántos Capítulos consta la Ley de Cohesión y Calidad del Sistema Nacional de Salud?

a) Once.
b) Diez.

c) Nueve.
d) Ocho.

5. ¿Al amparo de qué artículo de la Constitución se dicta la Ley de Cohesión y Calidad del Sistema Nacional de Salud?

a) 143.
b) 141.
c) 149.
d) Ninguna es correcta.

6. Según el art. 61 de la Ley 16/2003, el/la ... dará cuenta al/a la ... del cumplimiento de los Planes de Calidad del Sistema Nacional de Salud. Señale la opción que completa correctamente esta frase (respetando las denominaciones actualizadas, en su caso):

a) Dirección del Sistema Nacional de Salud / Gobierno.
b) Ministro de Sanidad, Política Social e Igualdad / Cortes Generales.
c) Ministro de Sanidad y Consumo / Senado.
d) Gobierno / Congreso de los Diputados.

7. Entre las funciones de la Agencia de Calidad del Sistema Nacional de Salud no se encuentra:

a) Elaborar o adoptar los elementos de la infraestructura, con el debido asesoramiento.
b) Dar cuenta al Gobierno del cumplimiento de los Planes de Calidad del Sistema Nacional de Salud.
c) Promover convenios con instituciones científicas.
d) Difundir los elementos de la infraestructura para su conocimiento y utilización por parte de las Comunidades Autónomas y los centros y servicios del Sistema Nacional de Salud.

8. La infraestructura para la calidad del Sistema Nacional de Salud no estará constituida por:

a) Normas de Calidad y Seguridad.
b) Guías de práctica clínica y asistencial.
c) Registro de acontecimientos adversos.
d) Informes sobre el cumplimiento de los Planes de Calidad del Sistema Nacional de Salud.

9. Respecto a las personas extranjeras, ¿cuándo será preceptiva la emisión de un informe previo favorable de los servicios sociales competentes de las comunidades autónomas?

a) En todos los casos.
b) Cuando se encuentren en situación de estancia temporal de acuerdo con lo previsto en la Ley Orgánica 4/2000, de 11 de enero, sobre Derechos y Libertades de los Extranjeros en España y su Integración Social.

c) Cuando se encuentren en situación de residencia de acuerdo con lo previsto en la Ley Orgánica 4/2000, de 11 de enero, sobre Derechos y Libertades de los Extranjeros en España y su Integración Social.

d) Cuando se encuentren en situación de estancia o residencia de acuerdo con lo previsto en la Ley Orgánica 4/2000, de 11 de enero, sobre Derechos y Libertades de los Extranjeros en España y su Integración Social.

10. Una Tarjeta Sanitaria Individual normalizada deberá incluir en todo caso (señalar la respuesta incorrecta):

a) Los datos básicos de identificación de su titular.
b) Los datos del servicio de salud o entidad responsable de la asistencia sanitaria.
c) El derecho que asista al titular en relación con la prestación farmacéutica.
d) El derecho que asista al titular en relación con la prestación ortoprotésica.

11. La información necesaria para la elaboración de estadísticas en el ámbito sanitario, según la Ley de Cohesión y Calidad, se recabará tanto del sector público como del sector privado. Esta afirmación es:

a) Incorrecta, solo se recaba del sector público.
b) Incompleta, se recaba del sector público y del sector privado, pero solo en cuanto a servicios concertados con el sector público.
c) Imprecisa, se recabará del sector público, y el sector privado podrá aportar datos por propia iniciativa en casos muy concretos.
d) Correcta.

12. Señale la opción incorrecta respecto a la garantía del tiempo en las prestaciones sanitarias:

a) Los criterios marco para garantizar un tiempo máximo de acceso a las prestaciones del Sistema Nacional de Salud se acordarán en el seno del Consejo Interterritorial.
b) Los criterios marco para garantizar un tiempo máximo de acceso a las prestaciones del Sistema Nacional de Salud se aprobarán mediante Ley.
c) Las Comunidades Autónomas definirán los tiempos máximos de acceso a su cartera de servicios en relación a estos criterios marco.
d) De la garantía del tiempo quedan excluidas las intervenciones quirúrgicas de trasplantes de órganos y tejidos.

13. La prestación de salud pública comprende las siguientes actuaciones, según el art. 11.2 de la Ley 16/2003:

a) La evaluación de impacto en salud.
b) La protección de la salud, evitando los efectos negativos que diversos elementos del medio pueden tener sobre la salud y el bienestar de las personas.

c) La prevención y detección precoz de las enfermedades raras, así como el apoyo a las personas que las presentan y a sus familias.

d) Todas son correctas.

14. ¿Qué órgano es el encargado de promover convenios con instituciones científicas para elaborar o gestionar los elementos de la infraestructura?

a) La Agencia de Calidad del Sistema Nacional de Salud.

b) El Consejo Interterritorial del Sistema Nacional de Salud.

c) La Comisión Delegada del Consejo Interterritorial del Sistema Nacional de Salud.

d) El Observatorio del Sistema Nacional de Salud.

15. La infraestructura para la mejora de la calidad en el sistema sanitario estará constituida por los elementos siguientes (señale la respuesta incorrecta):

a) Normas de calidad y seguridad.

b) Registro de buenas prácticas.

c) Registro de acontecimientos adversos.

d) Todas son correctas.

16. Respecto a la información generada, el Instituto de Información Sanitaria se encargará de recabar, elaborar y distribuir la información que responda a las necesidades del Sistema Nacional de Salud, ¿con qué dos criterios?

a) Eficacia y coordinación.

b) Transparencia y objetividad.

c) Igualdad y objetividad.

d) Ninguna es correcta.

17. La creación del Instituto de Información Sanitaria se llevará a cabo mediante:

a) Ley.

b) Decreto.

c) Real Decreto.

d) Orden.

18. ¿Qué regula el Capítulo XI de la Ley 16/2003?

a) La Participación Social.

b) El Consejo Interterritorial.

c) La Alta Inspección.

d) La Calidad.

19. Señale cuál de los siguientes principios (reproducidos literalmente) no informa la Ley 16/2003:

a) La colaboración entre los servicios sanitarios públicos y privados en la prestación de servicios a los usuarios del Sistema Nacional de Salud.

b) La prestación de una atención integral a la salud, comprensiva tanto de su promoción como de la prevención de enfermedades, de la asistencia y de la rehabilitación, procurando un alto nivel de calidad, en los términos previstos en esta Ley y en la Ley General de Salud Pública.

c) La igualdad de oportunidades y la libre circulación de los profesionales en el conjunto del Sistema Nacional de Salud, en los términos previstos en esta Ley y en la Ley General de Salud Pública.

d) La coordinación y la cooperación de las Administraciones públicas sanitarias para la superación de las desigualdades en salud, en los términos previstos en esta Ley y en la Ley General de Salud Pública.

20. El artículo 43.1 de la Constitución Española dispone:

a) «Compete a los poderes públicos organizar y tutelar la salud pública a través de medidas preventivas y de las prestaciones y servicios necesarios».

b) «Se reconoce el derecho a la protección de la salud».

c) «Los poderes públicos fomentarán la educación sanitaria, la educación física y el deporte.»

d) Todas las respuestas anteriores son correctas.

En MADTEST tienes **más preguntas de este tema**, y todos tus avances quedan registrados y se reflejan en el ranking.

¡Supera tus límites con MADTEST!

Solución al test n.º 3

1. c) Son correctas las opciones a y b.

2. d) La salud privada.

3. b) 2003.

4. a) Once.

5. c) 149.

6. c) Ministro de Sanidad, Política Social e Igualdad / Senado.

7. b) Dar cuenta al Gobierno del cumplimiento de los Planes de Calidad del Sistema Nacional de Salud.

8. d) Informes sobre el cumplimiento de los Planes de Calidad del Sistema Nacional de Salud.

9. b) Cuando se encuentren en situación de estancia temporal de acuerdo con lo previsto en la Ley Orgánica 4/2000, de 11 de enero, sobre Derechos y Libertades de los Extranjeros en España y su Integración Social.

10. d) El derecho que asista al titular en relación con la prestación ortoprotésica.

11. d) Correcta.

12. b) Los criterios marco para garantizar un tiempo máximo de acceso a las prestaciones del Sistema Nacional de Salud se aprobarán mediante Ley.

13. d) Todas son correctas.

14. a) La Agencia de Calidad del Sistema Nacional de Salud.

15. d) Todas son correctas.

16. b) Transparencia y objetividad.

17. c) Real Decreto.

18. c) La Alta Inspección.

19. c) La igualdad de oportunidades y la libre circulación de los profesionales en el conjunto del Sistema Nacional de Salud, en los términos previstos en esta Ley y en la Ley General de Salud Pública.

20. b) «Se reconoce el derecho a la protección de la salud».

TEST N.º 4

Estatuto Marco del Personal Estatutario de los Servicios de Salud. La Ley de Prevención de Riesgos Laborales: Derechos y obligaciones; Consulta y participación de los trabajadores. Plan Perseo: procedimiento de actuación ante una situación de violencia en el centro de trabajo. Resolución de 27/03/2024, de la Dirección-Gerencia, del procedimiento para la certificación negativa del Registro Central de Delincuentes Sexuales y de Trata de Seres Humanos del personal de las instituciones sanitarias del Servicio de Salud de Castilla-La Mancha

1. Según establece el art. 8 de la Ley 55/2003, de 16 de diciembre, del Estatuto Marco de los Servicios de Salud, es personal estatutario fijo:

a) El que, una vez superado el correspondiente proceso selectivo, obtiene un nombramiento para el desempeño, con carácter permanente, de las funciones que de tal nombramiento se deriven.

b) Todo el personal al servicio de los Servicios de Salud.

c) El personal que realice una prestación de servicios determinados de naturaleza temporal, coyuntural o extraordinaria.

d) El personal en posesión de un contrato laboral indefinido.

2. Conforme al artículo 9.1 del Estatuto Marco (*en redacción dada por el Real Decreto-ley 12/2022, de 5 de julio, por el que se modifica la Ley 55/2003, de 16 de diciembre, del Estatuto Marco del personal estatutario de los servicios de salud*) los nombramientos del Personal Estatutario Temporal de los Servicios de Salud serán:

a) Únicamente de Personal Estatutario Sanitario.

b) Personal Estatutario Contratado.

c) De interinidad.

d) Como Personal Laboral.

3. En el supuesto de existencia de plaza vacante, son estatutarios interinos los que, por razones expresamente justificadas de necesidad y urgencia, son nombrados como tales con carácter temporal para el desempeño de funciones propias de estatutarios, cuando no sea posible su cobertura por personal estatutario fijo, durante un plazo máximo de:

a) Dos años.
b) Tres años.
c) Cuatros años.
d) Seis años.

4. Podrá concurrir a las pruebas selectivas, por el sistema de promoción interna, el personal estatutario fijo que se encuentre en servicio activo y con nombramiento como personal estatutario fijo, en la categoría de procedencia, durante al menos:

a) 2 años.
b) 3 años.
c) 4 años.
d) 5 años.

5. Quienes no acrediten, una vez superado el proceso selectivo, que reúnen los requisitos y condiciones exigidos en la convocatoria:

a) No podrán ser nombrados hasta que subsanen el defecto.
b) No podrán ser nombrados, y quedarán sin efecto sus actuaciones.
c) Podrán ser nombrados de forma condicional.
d) Una vez superado el proceso selectivo, se entiende que reúne los requisitos exigidos, salvo prueba en contrario.

6. Según el Estatuto Marco, la selección de personal estatutario fijo se efectuará con carácter general a través del sistema de:

a) Oposición.
b) Concurso-oposición.
c) Concurso.
d) Pruebas selectivas.

7. El personal estatutario de los servicios de salud tiene el deber de:

a) Participar en la elaboración de los convenios colectivos.
b) Realizar sus funciones fuera del horario y jornada habitual.
c) Realizar actividades sindicales.
d) Respetar la Constitución, el Estatuto de Autonomía correspondiente y el resto del ordenamiento jurídico.

8. Según el Estatuto Marco, siempre que la duración de la jornada exceda de seis horas continuadas, deberá establecerse un periodo de descanso durante la misma de al menos:

a) 10 minutos.
b) 15 minutos.
c) 20 minutos.
d) 30 minutos.

9. El funcionario sancionado con la separación del servicio no podrá concurrir a las pruebas de selección para la obtención de la condición de personal estatutario fijo, ni prestar servicios como personal estatutario temporal, durante:

a) Los 6 años siguientes.
b) Los 5 años siguientes.
c) Los 10 años siguientes.
d) La separación del servicio es definitiva.

10. Las sanciones disciplinarias firmes que se impongan al personal estatutario se anotarán en su expediente personal. Las anotaciones por sanciones impuestas por faltas leves se cancelarán de oficio, desde el cumplimiento de la sanción, a:

a) Los 3 meses.
b) Los 6 meses.
c) El año.
d) Los 2 años.

11. Es una retribución básica del personal estatutario:

a) El complemento de destino.
b) El complemento de carrera.
c) Las pagas extraordinarias.
d) El complemento de productividad.

12. La especial dificultad técnica, dedicación, responsabilidad, incompatibilidad, peligrosidad o penosidad de algunos puestos de trabajo del Personal Estatutario, se retribuye a través del:

a) Complemento de destino.
b) Complemento de atención continuada.
c) Complemento específico.
d) Complemento de productividad.

13. Según el art. 72.2 del Estatuto Marco, tendrá la consideración de falta muy grave:

a) Intervenir en un procedimiento administrativo cuando se dé alguna de las causas de abstención legalmente señaladas.

b) Toda actuación que suponga discriminación por razones ideológicas, morales, políticas, sindicales, de raza, lengua, género, religión o circunstancias económicas, personales o sociales, tanto del personal como de los usuarios.

c) El incumplimiento injustificado de la jornada de trabajo que acumulado suponga más de 20 horas al mes.

d) La incorrección con los superiores, compañeros, subordinados o usuarios.

14. Para poder obtener la excedencia voluntaria por interés particular es necesario haber prestado servicios efectivos en cualquiera de las Administraciones Públicas durante:

a) Los cinco años inmediatamente anteriores.

b) Los cuatro años inmediatamente anteriores.

c) El año inmediatamente anterior.

d) No se exige periodo mínimo de prestación efectiva de servicios.

15. En el régimen disciplinario del Estatuto Marco se reconoce a los interesados el derecho a:

a) Proponer el nombramiento del instructor.

b) Solicitar la excedencia voluntaria durante la tramitación del expediente.

c) Formular Pliegos de cargos.

d) Formular alegaciones en cualquier fase del procedimiento.

16. Las Comunidades Autónomas, en el ámbito de sus competencias, determinarán la limitación máxima de la jornada a tiempo parcial respecto a la jornada completa, con el límite máximo del:

a) El 80 % de la jornada ordinaria, en cómputo anual, o del que proporcionalmente corresponda si se trata de nombramiento temporal de menor duración.

b) El 75 % de la jornada ordinaria, en cómputo anual, o del que proporcionalmente corresponda si se trata de nombramiento temporal de menor duración.

c) El 70 % de la jornada ordinaria, en cómputo anual, o del que proporcionalmente corresponda si se trata de nombramiento temporal de menor duración.

d) El 50 % de la jornada ordinaria, en cómputo anual, o del que proporcionalmente corresponda si se trata de nombramiento temporal de menor duración.

17. El Estatuto Marco del personal estatutario considera a este personal como titular de una relación:

a) Funcionarial común.

b) Laboral común.

c) Estatutaria de la Seguridad Social.
d) Funcionarial especial.

18. Cuando de un procedimiento de movilidad se derive cambio del servicio de salud de destino, el Estatuto Marco establece un plazo posesorio de:

a) Un mes.
b) Treinta días.
c) Quince días.
d) Diez días.

19. Según el Estatuto Marco del personal estatutario, la situación de excedencia voluntaria por interés particular obliga a un periodo mínimo de permanencia en ella de:

a) Un año.
b) Dos años.
c) Doce meses.
d) No establece periodo mínimo.

20. De acuerdo con el régimen disciplinario del personal estatutario, se considera muy grave:

a) El abandono del servicio.
b) El abuso de autoridad en el ejercicio de sus funciones.
c) Falta de obediencia debida a los superiores.
d) La incorrección con los superiores, compañeros, subordinados o usuarios.

En MADTEST tienes **más preguntas de este tema**, y todos tus avances quedan registrados y se reflejan en el ranking.

¡Supera tus límites con MADTEST!

Solución al test n.º 4

1. a) El que, una vez superado el correspondiente proceso selectivo, obtiene un nombramiento para el desempeño, con carácter permanente, de las funcionales que de tal nombramiento se deriven.

2. c) De interinidad.

3. b) Tres años

4. a) 2 años.

5. b) No podrán ser nombrados, y quedarán sin efecto sus actuaciones.

6. b) Concurso-oposición.

7. d) Respetar la Constitución, el Estatuto de Autonomía correspondiente y el resto del ordenamiento jurídico.

8. b) 15 minutos.

9. a) Los 6 años siguientes.

10. b) Los 6 meses.

11. c) Las pagas extraordinarias.

12. c) Complemento específico.

13. b) Toda actuación que suponga discriminación por razones ideológicas, morales, políticas, sindicales, de raza, lengua, género, religión o circunstancias económicas, personales o sociales, tanto del personal como de los usuarios.

14. a) Los cinco años inmediatamente anteriores.

15. d) Formular alegaciones en cualquier fase del procedimiento.

16. b) El 75 % de la jornada ordinaria, en cómputo anual, o del que proporcionalmente corresponda si se trata de nombramiento temporal de menor duración.

17. d) Funcionarial especial.

18. a) Un mes.

19. b) Dos años.

20. a) El abandono del servicio.

TEST N.º 5

Ley sobre derechos y deberes en materia de salud de Castilla-La Mancha. Documentación sanitaria en Castilla-La Mancha: Usos de la historia clínica (Decreto 24/2011, de 12/04/2011, de la documentación sanitaria en Castilla-La Mancha)

1. La Ley 5/2010, de 24 de junio, sobre derechos y deberes en materia de salud de Castilla-La Mancha, tiene por objeto regular:

a) En el marco de la legislación del Estado, los derechos y deberes en materia de salud, tanto de los pacientes y usuarios como de los profesionales en Castilla-La Mancha.

b) Los derechos y deberes en materia de salud, tanto de los pacientes y usuarios como de los profesionales en Castilla-La Mancha.

c) En el marco de la legislación básica del Estado, los derechos y deberes en materia de salud de los pacientes y usuarios en Castilla-La Mancha.

d) En el marco de la legislación básica del Estado, los derechos y deberes en materia de salud, tanto de los pacientes y usuarios como de los profesionales en Castilla-La Mancha.

2. Señala cuál de los siguientes no es un principio sobre el que se sustenten los derechos y deberes en la Ley 5/2010, de 24 de junio, sobre derechos y deberes en materia de salud de Castilla-La Mancha:

a) La promoción del interés de las personas por la salud, mediante una información adecuada y una mayor educación para la salud.

b) La corresponsabilidad y participación del paciente y usuario en el adecuado uso de las prestaciones y recursos y el respeto a los profesionales y a las normas de organización y funcionamiento de los centros, establecimientos y servicios sanitarios.

c) La equidad en el acceso al conjunto de los servicios y profesionales sanitarios disponibles, así como a recibir la asistencia sanitaria y los cuidados más adecuados a su estado de salud, sin que pueda producirse discriminación alguna de las personas con discapacidad.

d) El respeto a la objeción de conciencia de los profesionales sanitarios como manifestación del derecho a la autonomía de la voluntad.

3. El derecho a la asistencia sanitaria, la libre elección de profesional sanitario, la segunda opinión médica, el derecho sobre los tejidos o muestras biológicas, la garantía de tiempos máximos de respuesta, los relacionados con pacientes especialmente protegidos, la obtención de medicamentos y el derecho al acompañamiento, se califican en la Ley 5/2010, de 24 de junio, sobre derechos y deberes en materia de salud de Castilla-La Mancha, como:

a) Derechos relativos a la autonomía de la voluntad.

b) Derechos relativos a la documentación sanitaria.

c) Derechos relacionados con los servicios asistenciales.

d) Derechos relativos a la información sanitaria.

4. En relación con los derechos relativos a la intimidad y la confidencialidad, reconocidos en la Ley 5/2010, de 24 de junio, sobre derechos y deberes en materia de salud de Castilla-La Mancha, es correcto que:

a) Los centros, servicios y establecimientos sanitarios vigilarán que se guarde la confidencialidad de los datos referidos a la ideología, religión, creencias, origen racial, vida sexual, al hecho de haber sido objeto de malos tratos y, en general, cuantos datos o informaciones puedan tener especial relevancia para la salvaguarda de la intimidad personal y familiar.

b) Las personas que, en ejercicio de sus funciones, tengan acceso a los datos resultantes de la realización de los análisis genéticos podrán quedar sujetas al deber de secreto.

c) El derecho de confidencialidad no comprende la información referida al patrimonio genético.

d) Cuando la información obtenida, según criterio del médico responsable, sea necesaria para evitar un grave perjuicio para la salud del paciente y la de sus familiares, se informará al propio paciente y a un familiar próximo o, en su caso, a sus representantes, previa consulta del Comité de Ética Asistencial si lo hubiera.

5. En relación con la regulación del derecho a la información asistencial prevista en la Ley 5/2010, de 24 de junio, sobre derechos y deberes en materia de salud de Castilla-La Mancha, señala la respuesta incorrecta:

a) Deberá respetarse la voluntad del paciente de no ser informado. La renuncia al derecho a ser informado deberá formularse por cualquier medio que permita dejar constancia y se incorporará a la historia clínica.

b) El titular del derecho a la información asistencial es el paciente. Se informará a las personas vinculadas a él por razones familiares o de hecho en la medida en que este lo permita expresa o tácitamente.

c) Sin perjuicio del derecho del menor a recibir información sobre su salud en un lenguaje adecuado a su edad, madurez y estado psicológico, en el caso de menores de 16 años no emancipados se informará también a los padres o tutores.

d) Todas las respuestas anteriores son correctas.

6. La autonomía de la voluntad del paciente comprende:

a) La libertad para negarse a recibir un procedimiento diagnóstico, pronóstico o terapéutico.

b) La libertad para poder en todo momento revocar una anterior decisión sobre su propia salud.

c) La libertad para elegir de forma autónoma entre las distintas opciones que exponga el profesional sanitario responsable.

d) Todas las respuestas anteriores son correctas.

7. El consentimiento informado:

a) Se prestará por escrito, por regla general.

b) Será verbal en los procedimientos diagnósticos y terapéuticos invasores.

c) Se prestará por escrito en los procedimientos que impliquen riesgos o inconvenientes de notoria y previsible repercusión negativa sobre la salud del paciente.

d) Será verbal en determinados casos.

8. ¿Cuál de los siguientes datos no debe contener el documento de consentimiento informado?

a) Una declaración de quien presta el consentimiento en la que conste que ha comprendido adecuadamente la información, que conoce que el consentimiento puede ser revocado en cualquier momento, expresando la causa de la revocación y que ha recibido una copia del documento.

b) Riesgos poco frecuentes, cuando sean de especial gravedad y estén asociados al procedimiento por criterios científicos.

c) Alternativas razonables al procedimiento.

d) Firma del profesional sanitario responsable del procedimiento y de la persona que presta el consentimiento.

9. En relación con el ámbito de la Ley 5/2010, de 24 de junio, sobre derechos y deberes en materia de salud de Castilla-La Mancha, señala la respuesta incorrecta:

a) Incluye a todas las personas que residan en los municipios de la Comunidad Autónoma de Castilla-La Mancha.

b) Quienes no residan en ella gozarán de dichos derechos en la forma y condiciones previstas en la legislación estatal y en los Convenios nacionales e internacionales que les sean de aplicación.

c) Sin perjuicio de lo anterior, en Castilla-La Mancha se garantizará a todas las personas la atención en situación de urgencia y emergencia, con especial incidencia en menores, mujeres gestantes y personas que padezcan enfermedades crónicas.

d) Se incluyen a los profesionales de los centros, servicios y establecimientos sanitarios, siempre que sean públicos y se encuentren ubicados en el territorio de la comunidad autónoma.

10. Sin perjuicio del derecho del menor a recibir información sobre su salud en un lenguaje adecuado a su edad, madurez y estado psicológico, se informará también a los padres o tutores, en el caso de:

a) Menores de catorce años no emancipados.
b) Menores de quince años no emancipados.
c) Menores de dieciséis años no emancipados.
d) Menores de diecisiete años no emancipados.

11. El plazo mínimo de conservación de la historia clínica contado desde la fecha del alta del último proceso asistencial será:

a) 15 años.
b) 5 años.
c) 3 años.
d) Ilimitado.

12. ¿Cuál de los siguientes apartados del contenido de la historia clínica se exige cumplimentar cuando se trate de procesos de hospitalización?

a) Las ordenes médicas.
b) La anamnesis y la exploración física.
c) La evolución y planificación de cuidados de enfermería.
d) El gráfico de constantes.

13. Deberán quedar claramente identificados respecto de la información contenida en la historia clínica, con el fin de facilitar su disociación cuando esta sea precisa (señala la opción incorrecta):

a) Las anotaciones subjetivas de los profesionales que intervengan en el proceso asistencial.
b) Los datos que afecten a la intimidad de terceros.
c) Los datos de filiación y documentación relativa a la hoja clínico-estadística.
d) Aquella información que no haya sido facilitada al paciente debido a un estado acreditado de necesidad terapéutica.

14. El derecho del paciente de acceder a la información contenida en la historia clínica no incluye:

a) La información de la que el paciente hubiera sido privado debido a la existencia acreditada de un estado de necesidad terapéutica siempre que así conste en la historia clínica de forma expresa.
b) Los datos e información que afecten al derecho de terceras personas o que afecten a la confidencialidad de los datos que consten en la historia recogidos en interés terapéutico del paciente.

c) Las anotaciones subjetivas de los profesionales participantes en la elaboración de la historia clínica, respecto de los cuales estos podrán oponer su reserva al derecho de acceso.

d) Todas las respuestas anteriores son correctas.

15. No se considera una anotación subjetiva:

a) Comportamientos insólitos.

b) Valoraciones sobre hipótesis diagnósticas no demostradas.

c) Sospechas acerca de incumplimientos terapéuticos, tratamientos no declarados y hábitos no reconocidos.

d) Ninguna de las respuestas anteriores es correcta.

16. El ejercicio del derecho a la segunda opinión médica está desarrollado reglamentariamente a través del:

a) Decreto 180/2005, de 2 de noviembre.

b) Decreto 91/2018, de 4 de diciembre.

c) Orden de 21 de noviembre de 2008.

d) Decreto 24/2011, de 12 de abril.

17. ¿Quiénes deberán abstenerse de realizar en las historias clínicas anotaciones que carezcan de interés para el manejo de los problemas de salud?

a) Los centros sanitarios.

b) Los profesionales sanitarios.

c) Los pacientes.

d) Los servicios sanitarios.

18. ¿Cuál de los siguientes es un deber de los profesionales de los centros, servicios y establecimientos sanitarios?

a) Guardar secreto sobre toda la información y documentación clínica sobre los pacientes y usuarios derivada de su actuación profesional o a la que tengan acceso.

b) Renunciar a prestar atención sanitaria en situaciones de injurias, amenazas o agresión si no conlleva desatención.

c) La autonomía científica y técnica en el ejercicio de sus funciones, sin más limitaciones que las establecidas por la ley y por los principios y valores contenidos en el ordenamiento jurídico y deontológico.

d) Recibir apoyo profesional en situaciones problemáticas.

19. Es constitutiva de una infracción administrativa muy grave:

a) La utilización indebida, abusiva o irresponsable de los recursos y prestaciones sanitarias que no respondan a una necesidad objetiva.

b) La agresión física a profesionales de los centros, servicios y establecimientos sanitarios, a pacientes o a sus acompañantes siempre que no sea constitutiva de ilícito penal.

c) La resistencia, falta de respeto, amenazas, insultos, represalias o cualquier otra forma de presión ejercida contra los profesionales de los centros, servicios y establecimientos sanitarios, los pacientes o sus acompañantes siempre que no sean constitutivas de ilícito penal.

d) Las respuestas b) y c) son correctas.

20. ¿Cómo pueden sancionarse las infracciones calificadas como muy graves?

a) Con multa de hasta 15.000 € en grado máximo.

b) Con la inhabilitación para el ejercicio de la profesión por un período de uno a cinco años.

c) Con el cierre definitivo del establecimiento en el caso de centros, servicios y establecimientos sanitarios de ámbito privado.

d) Todas las respuestas anteriores son correctas.

En MADTEST tienes **más preguntas de este tema**, y todos tus avances quedan registrados y se reflejan en el ranking.

¡Supera tus límites con MADTEST!

Solución al test n.º 5

1. d) En el marco de la legislación básica del Estado, los derechos y deberes en materia de salud, tanto de los pacientes y usuarios como de los profesionales en Castilla-La Mancha.

2. d) El respeto a la objeción de conciencia de los profesionales sanitarios como manifestación del derecho a la autonomía de la voluntad.

3. c) Derechos relacionados con los servicios asistenciales.

4. a) Los centros, servicios y establecimientos sanitarios vigilarán que se guarde la confidencialidad de los datos referidos a la ideología, religión, creencias, origen racial, vida sexual, al hecho de haber sido objeto de malos tratos y, en general, cuantos datos o informaciones puedan tener especial relevancia para la salvaguarda de la intimidad personal y familiar.

5. a) Deberá respetarse la voluntad del paciente de no ser informado. La renuncia al derecho a ser informado deberá formularse por cualquier medio que permita dejar constancia y se incorporará a la historia clínica.

6. d) Todas las respuestas anteriores son correctas.

7. c) Se prestará por escrito en los procedimientos que impliquen riesgos o inconvenientes de notoria y previsible repercusión negativa sobre la salud del paciente.

8. a) Una declaración de quien presta el consentimiento en la que conste que ha comprendido adecuadamente la información, que conoce que el consentimiento puede ser revocado en cualquier momento, expresando la causa de la revocación y que ha recibido una copia del documento.

9. d) Se incluyen a los profesionales de los centros, servicios y establecimientos sanitarios, siempre que sean públicos y se encuentren ubicados en el territorio de la comunidad autónoma.

10. c) Menores de dieciséis años no emancipados.

11. b) 5 años.

12. d) El gráfico de constantes.

13. c) Los datos de filiación y documentación relativa a la hoja clínico-estadística.

14. d) Todas las respuestas anteriores son correctas.

15. d) Ninguna de las respuestas anteriores es correcta.

16. b) Decreto 91/2018, de 4 de diciembre.

17. b) Los profesionales sanitarios.

18. a) Guardar secreto sobre toda la información y documentación clínica sobre los pacientes y usuarios derivada de su actuación profesional o a la que tengan acceso.

19. b) La agresión física a profesionales de los centros, servicios y establecimientos sanitarios, a pacientes o a sus acompañantes siempre que no sea constitutiva de ilícito penal.

20. b) Con la inhabilitación para el ejercicio de la profesión por un período de uno a cinco años.

TEST PARTE ESPECÍFICA

TEST N.º 6

Planes estratégicos del SESCAM: Plan dignifica, humanización de los cuidados: Plan Horizonte/Humanización Sanitaria Castilla la Mancha. Escuela de cuidados y salud. Atención holística e integral del paciente y la familia. Estratificación de crónicos. Redes de expertos y profesionales del sistema sanitario de Castilla La Mancha

1. ¿Quién aprobó el Plan Dignifica en Castilla- La Mancha?

a) Consejo de Gobierno de Castilla-La Mancha.
b) Gerente del SESCAM.
c) Consejería de Salud.
d) Cortes de Castilla La Mancha.

2. Según el artículo 4 del *Decreto 72/2021, de 15 de junio, de ordenación de las estructuras organizativas y gestión coordinada de las actuaciones de humanización de la asistencia sanitaria y sociosanitaria de Castilla-La Mancha*, las políticas de humanización de la asistencia deberán centrarse en objetivos como el de fomentar la participación ciudadana y avanzar en:

a) La atención individualizada a los pacientes.
b) La corresponsabilidad de pacientes.
c) Las políticas de prevención.
d) El desarrollo de habilidades y competencias por parte de los usuarios.

3. Según el artículo 5 del Decreto 72/2021, uno de los principios orientadores por los que se regirá la ordenación de las actuaciones que potencian la dimensión humana de la asistencia sanitaria es:

a) Centralización y responsabilidad en la gestión.
b) Cuidado de las personas dependientes en el ámbito físico, psicológico y emocional.
c) Economía en los servicios y prestaciones.
d) Participación comunitaria en la formulación de las políticas sanitarias y sociosanitarias.

4. ¿Qué puede ocasionar en el sistema sanitario una mayor capacidad de complicaciones, de errores y de posibles daños?

a) La complejidad de la moderna práctica clínico-asistencial.
b) El gran desarrollo científico y tecnológico ocurrido a lo largo del pasado siglo
c) La mayor capacidad de resolución de problemas con los medios actuales.
d) Todo lo anterior ha influido a pesar de la mayor capacidad de resolución de problemas.

5. ¿Qué aspectos de los que se apuntan considera no haber influido en la denominada deshumanización en (de) la asistencia sanitaria?

a) La elevada presión asistencial y la masificación de consultas.
b) Una mayor empatía y trato personal con el paciente.
c) La excesiva tecnificación de la práctica clínica.
d) Han influido todos los anteriores.

6. Según el artículo 10 del Decreto 72/2021, a qué órgano corresponderá la elaboración del Plan de Humanización de la Asistencia Sanitaria, así como de las modificaciones y adaptaciones necesarias:

a) Al Consejo Regional de Humanización.
b) A la Comisión Regional Técnica de Humanización.
c) A las Comisiones de Humanización de las gerencias.
d) Al Responsable Regional de Humanización.

7. ¿A qué concepto nos referimos con el abordaje integral de la persona enferma, teniendo en cuenta las dimensiones biológica, psicológica, social y conductual?

a) De humanización.
b) De equidad.
c) De Justicia.
d) De sostenibilidad.

8. Cuántos representantes de las redes de expertos y profesionales del sistema sanitario de Castilla-La Mancha designadas por la persona titular de la Consejería competente en materia de sanidad habrá en el Consejo Regional de Humanización:

a) Uno.
b) Dos.
c) Tres.
d) Cuatro.

9. La Comisión de humanización de cada gerencia aprobará su Plan Operativo:

a) Anualmente.
b) Bianualmente.
c) Trienalmente.
d) Cuatrienalmente.

10. ¿Qué afirmación no es correcta respecto a la humanización?

a) La humanización, la acción y efecto de humanizar o humanizarse.
b) Se dice que un sujeto es humano, cuando es comprensivo, sensible a los infortunios ajenos.
c) Las profesiones sanitarias, no son intrínsecamente humanizadoras.
d) La humanización comprende múltiples dimensiones de la persona, incluyendo aspectos educativos, sociales, políticos o culturales.

11. ¿Qué atributo debe merecer la persona que obra con autoestima y mereciendo el respeto de las demás, quien no comete actos que degradan y no se humilla ni tolera la humillación?

a) Asertiva.
b) Humana.
c) Digna.
d) Ágil.

12. ¿En qué patrón o variable estaban basados como medida de éxito los antiguos estudios sobre el coste-efectividad de la atención sanitaria?

a) Morbilidad: prevalencia e incidencia.
b) Esperanza de vida.
c) Mortalidad.
d) EVAC (Esperanza de Vida Ajustada por Calidad).

13. ¿Qué ciencia trata del estudio sistemático de la conducta humana en el ámbito de las ciencias de la salud y de la atención a la salud?

a) Psicología clínica.
b) Bioética.
c) Pedagogía clínica y sanitaria.
d) Ninguna de las anteriores.

14. ¿Qué aspecto de la superespecialización de la profesión sanitaria consideras deshumanizante?

a) Cuando con ella se logra una mejor asistencia en general de la persona.
b) Cuando se consigue unos resultados quirúrgicos mayores por el incremento de los conocimientos en determinadas áreas, siempre con un máximo respeto, humanidad y dignidad del individuo operado.
c) Cuando conlleva una visión parcial y fragmentada de la persona paciente.
d) Nada de lo anterior es un factor deshumanizante.

15. ¿Qué se define por una aflicción física aguda y se manifiesta de muchas formas?

a) Dolor.
b) Sufrimiento.
c) Introversión.
d) Introspección.

16. ¿Qué tipo de dolor no genera normalmente sufrimiento?

a) El dolor pasajero.
b) El dolor que forma parte del proceso de curación.
c) El dolor siempre produce sufrimiento.
d) El dolor que forma parte del proceso de curación y el dolor pasajero.

17. ¿En qué porcentaje es evitable actualmente el dolor en nuestro sistema sanitario?

a) 100 % de los casos.
b) 95 % de los casos.
c) 75 % de los casos.
d) 50 % de los casos.

18. ¿En qué año entró en vigor en Castilla La Mancha la tarjeta humanitaria?

a) 2005.
b) 2010.
c) 2016.
d) 2020.

19. ¿Qué personas no pueden utilizar la tarjeta humanitaria en Castilla La Mancha?

a) Nacidos o/y residentes en Castilla La Mancha.
b) Personas extranjeras que carezcan de recursos residentes en Castilla La Mancha.
c) Personas no nacidas en España y que están en situación irregular.
d) Todos los anteriores pueden utilizar la tarjeta humanitaria.

20. ¿Qué aspecto debe convertirse en el centro del sistema sanitario como medio de cambio de actitud, en la cuestión de priorizar la humanización en la atención sanitaria? El centro del sistema debe ser:

a) La enfermedad.
b) Los costes sanitarios necesarios para la sostenibilidad del sistema.
c) La persona y su contexto.
d) Los sanitarios y sus estilos de trabajo.

En MADTEST tienes **más preguntas de este tema**, y todos tus avances quedan registrados y se reflejan en el ranking.

¡Supera tus límites con MADTEST!

Solución al test n.º 6

1. a) Consejo de Gobierno de Castilla-La Mancha.

2. b) La corresponsabilidad de pacientes.

3. d) Participación comunitaria en la formulación de las políticas sanitarias y sociosanitarias.

4. d) Todo lo anterior ha influido a pesar de la mayor capacidad de resolución de problemas.

5. b) Una mayor empatía y trato personal con el paciente.

6. b) A la Comisión Regional Técnica de Humanización.

7. a) De humanización.

8. b) Dos.

9. a) Anualmente.

10. c) Las profesiones sanitarias, no son intrínsecamente humanizadoras.

11. c) Digna.

12. b) Esperanza de vida.

13. b) Bioética.

14. c) Cuando conlleva una visión parcial y fragmentada de la persona paciente.

15. a) Dolor.

16. d) El dolor que forma parte del proceso de curación y el dolor pasajero.

17. b) 95 % de los casos.

18. c) 2016.

19. d) Todos los anteriores pueden utilizar la tarjeta humanitaria.

20. c) La persona y su contexto.

TEST N.º 7

Actividades del Técnico/a Medio Sanitario: Cuidados Auxiliares de Enfermería en Atención Primaria y Atención Especializada: Continuidad asistencial. Concepto: Cuidados, necesidades básicas y auto cuidados. El hospital y los problemas psicosociales y de adaptación del paciente hospitalizado

1. Uno de los objetivos de la Atención Primaria de Salud es:

a) La integración de la actividad sanitaria asistencial y la preventiva.
b) La elevación del nivel de calidad del sistema de salud, y del grado de satisfacción de usuarios y profesionales.
c) El diagnóstico continuado de la salud de la Zona.
d) Todas las respuestas son correctas.

2. ¿En qué se diferencia la Atención Especializada de la Atención Primaria?

a) En que la Atención Especializada se presta en régimen ambulatorio y la Atención Primaria no.
b) En que la Atención Especializada se presta en régimen de urgencias y la Atención Primaria no.
c) En que solo la Atención Especializada ofrece la asistencia en régimen de internamiento.
d) Todas las respuestas son correctas.

3. ¿Cuál es la estructura física fundamental de la Atención Especializada?

a) El Centro de Salud.
b) El Ambulatorio.
c) El Consultorio.
d) El Hospital.

4. Uno de los objetivos de la Atención Especializada es:

a) Prestar asistencia ambulatoria especializada.
b) Posibilitar la hospitalización de los pacientes que lo precisen.

c) Poner sus Centros e Instituciones a disposición de la investigación y docencia en materia de salud.

d) Todas las respuestas son correctas.

5. ¿Cuál de las siguientes no es una ventaja de trabajar con un modelo de enfermería?

a) La valoración se hace sobre la base de los signos y síntomas.
b) La atención prestada es integral.
c) Permite llevar a cabo todo el proceso de atención de enfermería.
d) La valoración se hace sobre la base de respuestas humanas.

6. Se considera matriarca de la enfermería a:

a) Virginia Henderson.
b) Nancy Roper.
c) Dorotea Orem.
d) Florence Nightingale.

7. ¿Cuál de las siguientes autoras pertenece al modelo de relaciones interpersonales?

a) Nancy Roper.
b) Callista Roy.
c) Orlando.
d) Virginia Henderson.

8. ¿A qué modelo de enfermería pertenece Hildegarde Peplau?

a) Modelos de sistemas.
b) Modelos de autocuidados.
c) Modelos interaccionistas.
d) Modelos naturistas.

9. ¿Cuál de las siguientes son necesidades básicas del paciente, según Virginia Henderson?

a) Realizar prácticas religiosas según la fe de cada uno.
b) Eludir los riesgos del entorno y evitar lesionar a otros.
c) Moverse y mantener la posición deseada.
d) Todas son correctas.

10. La meta de Virginia Henderson es:

a) La adaptación del paciente.
b) El máximo grado de crecimiento personal del paciente.
c) Identificar las necesidades del paciente.
d) La independencia del paciente.

11. ¿Qué autora señala tres niveles en la relación enfermera-paciente?

a) Virginia Henderson.
b) Travelbee.
c) Orlando.
d) Hildegarde Peplau.

12. Según Dorotea Orem, la función de enfermería es:

a) Apreciar las necesidades básicas humanas.
b) Facilitar atención para influir de alguna forma sobre el paciente con el fin de que este evolucione y llegue a conseguir un óptimo nivel de autocuidado.
c) Diagnosticar y tratar si la situación lo exige.
d) Ayudar a las personas sanas y enfermas.

13. Según Dorotea Orem, el Sistema en el que enfermera y paciente realizan medidas de asistencia y otras actividades manipulativas o de deambulación, se denomina:

a) Sistema de enfermería educativo.
b) Sistema de enfermería parcialmente compensador.
c) Sistema de enfermería totalmente compensador.
d) Sistema de apoyo.

14. ¿Cuál de los siguientes no es un método de ayuda, según Dorotea Orem?

a) Ordenar.
b) Guiar.
c) Enseñar.
d) Apoyar.

15. ¿A qué autora se le atribuye el modelo de déficit de autocuidados?

a) Tierny.
b) Logan.
c) Virginia Henderson.
d) Dorotea Orem.

16. En el sistema de enfermería parcialmente compensador, es cierto que:

a) Enfermera y paciente realizan medidas de asistencia y otras manipulativas o de deambulación.
b) Las actividades manipulativas y de deambulación las realiza en su totalidad la enfermera.
c) La enfermería orienta a la persona para llevar a cabo las acciones de autocuidado necesarias.
d) Está dirigido a pacientes que son capaces o deben aprender a realizar acciones propias de su autocuidado.

17. ¿Cuál de las siguientes funciones no son competencia del auxiliar de enfermería?

a) Dar de comer al enfermo incapacitado.
b) Administrar medicación por vía parenteral.
c) Realizar movilizaciones pasivas a parapléjicos.
d) Observar e informar sobre la sintomatología de un paciente.

18. El auxiliar de enfermería no puede ejercer en:

a) Consultas externas.
b) Centro de especialidades.
c) Centro de Salud.
d) Puede ejercer en todos.

19. ¿Cuál de las siguientes funciones no son competencia del auxiliar de enfermería?

a) Colocar la cuña al enfermo incapacitado.
b) Ayudar al personal médico en la ejecución de intervenciones quirúrgicas.
c) La limpieza y ordenación del material utilizado en la unidad/servicio.
d) La recepción de los carros de comidas y la distribución de la misma.

20. Para poder conseguir la meta de excelencia, las organizaciones sanitarias deben cumplir una serie de criterios generales, entre los cuales cabe considerar los siguientes excepto uno; señala cuál:

a) Establecimiento de jerarquía, misión y visión.
b) Modo de integración comunitaria.
c) Definición de procesos para permitir la formación y participación del personal en las decisiones que les afectan.
d) Definir la dirección estratégica y las metas una vez conseguida la excelencia.

En MADTEST tienes **más preguntas de este tema**, y todos tus avances quedan registrados y se reflejan en el ranking.

¡Supera tus límites con MADTEST!

Solución al test n.º 7

1. d) Todas las respuestas son correctas.

2. c) En que sólo la Atención Especializada ofrece la asistencia en régimen de internamiento.

3. d) El Hospital.

4. d) Todas las respuestas son correctas.

5. a) La valoración se hace sobre la base de los signos y síntomas.

6. d) Florence Nightingale.

7. c) Orlando.

8. c) Modelos interaccionistas.

9. d) Todas son correctas.

10. d) La independencia del paciente.

11. a) Virginia Henderson.

12. b) Facilitar atención para influir de alguna forma sobre el paciente con el fin de que este evolucione y llegue a conseguir un óptimo nivel de autocuidado.

13. b) Sistema de enfermería parcialmente compensador.

14. a) Ordenar.

15. d) Dorotea Orem.

16. a) Enfermera y paciente realizan medidas de asistencia y otras manipulativas o de deambulación.

17. b) Administrar medicación por vía parenteral.

18. d) Puede ejercer en todos.

19. b) Ayudar al personal médico en la ejecución de intervenciones quirúrgicas.

20. d) Definir la dirección estratégica y las metas una vez conseguida la excelencia.

TEST N.º 8

Documentación sanitaria: clínica y no clínica. Sistemas de información utilizados en Atención Primaria y Especializada: Generalidades. Servicio de admisión y atención al usuario: Funcionamiento. El consentimiento informado

1. ¿Cada cuánto tiempo generalmente se deben actualizar las órdenes de tratamientos?

a) Cada día.
b) Cada tres días.
c) Cada semana.
d) Cada mes.

2. ¿En qué hoja operatoria se hace constar las peticiones al banco de sangre, radiodiagnóstico, los envíos a anatomía patológica, etc.?

a) Hoja de enfermería.
b) Hoja de intervención quirúrgica.
c) Hoja de anestesia.
d) Hoja de diagnóstico.

3. En los registros de actividades y codificación a nivel sanitario, se podrá incluir los datos siguientes, excepto:

a) Código postal del domicilio habitual del paciente.
b) Número de Historia clínica del enfermo.
c) Orientación sexual del paciente.
d) Se podrá incluir todo.

4. El consumo de alcohol, como hábito tóxico, se debe expresar en la Historia Clínica como:

a) Centímetros cúbicos de alcohol al día.
b) Volumen total de etanol en una semana.

c) Gramos de etanol al día.
d) Masa total de alcohol en una semana.

5. ¿Dónde suele emplearse el orden alfabético en la ordenación de Historias Clínicas de pacientes?

a) En el medio rural.
b) En el medio urbano.
c) En países árabes.
d) En algunas Comunidades Autónomas, por considerarse algo tradicional.

6. Respecto al consentimiento informado como documento de la historia clínica, solo será exigible en la misma cuando:

a) Lo solicite el paciente o el representante legal.
b) Se trate de un proceso de hospitalización y lo solicite el médico.
c) Lo solicite el paciente (o el representante legal) y el médico.
d) Se trate de un proceso de hospitalización o así se disponga normativamente.

7. Un centro sanitario es:

a) El conjunto organizado de profesionales que realizan actividades y prestan servicios para cuidar la salud de los pacientes y usuarios.
b) El conjunto organizado de profesionales exclusivamente sanitarios, de instalaciones y de medios técnicos que realizan actividades y prestan servicios para cuidar la salud de los pacientes y usuarios.
c) El conjunto organizado de profesionales, instalaciones y medios técnicos que realiza actividades y presta servicios para cuidar la salud de los pacientes y usuarios.
d) El conjunto organizado de instalaciones y medios técnicos necesarios para realizar actividades y prestar servicios para cuidar la salud de los pacientes y usuarios.

8. ¿Cómo debe ser necesariamente el consentimiento informado de un paciente?

a) La conformidad libre, voluntaria e inconsciente (sin necesidad de estar en pleno uso de sus facultades).
b) La conformidad forzada, voluntaria e consciente o/e inconsciente (sin necesidad de estar en pleno uso de sus facultades).
c) La conformidad forzada, involuntaria y consciente (con necesidad de estar en pleno uso de sus facultades).
d) La conformidad libre, voluntaria y consciente (con necesidad de estar en pleno uso de sus facultades).

9. El acceso a la historia clínica con fines asistenciales corresponde a:

a) Los tribunales.
b) Los profesionales asistenciales del centro que realizan el diagnóstico o el tratamiento del paciente.

c) Los profesionales no asistenciales del centro que realizan el diagnóstico o el tratamiento del paciente.

d) Los profesionales asistenciales y no asistenciales del centro que realizan el diagnóstico
o el tratamiento del paciente.

10. ¿Cuántos años como mínimo (contados desde la fecha del alta de cada proceso asistencial), los centros sanitarios tienen la obligación de conservar la documentación clínica en condiciones que garanticen su correcto mantenimiento y seguridad?

a) 2.
b) 5.
c) 10.
d) 25.

11. ¿Qué ingresos de estos consideras no programado en Salud Mental?

a) Ingreso Voluntario Ordinario.
b) Ingreso Voluntario Urgente.
c) Ingreso Involuntario Ordinario.
d) Ninguno de los anteriores.

12. ¿Qué profesional no forma parte de la Comisión de Admisión de enfermos de un Centro o Unidad de Internamiento psiquiátrico?

a) Un Trabajador Social.
b) Un enfermero desde donde se efectuó el ingreso del enfermo.
c) El Director del Centro o Facultativo del mismo en quien delegue.
d) El Jefe de la Unidad Psiquiátrica.

13. La Admisión en régimen de hospitalización conocida como Admisión de Ingresos o Admisión de Hospitalización se denomina también Admisión:

a) Específica.
b) General.
c) De Consultas.
d) De Urgencias.

14. La Unidad de Admisión dentro del Hospital no es responsable de:

a) La atención y la orientación al usuario durante su estancia en el centro sanitario.
b) La recepción y citación de los pacientes para Consultas Externas.
c) La recepción y registro de las urgencias.
d) La recepción, formalización del ingreso y asignación de cama a los pacientes que
van a ser hospitalizados.

15. ¿De quién depende directamente el Servicio de admisión de un hospital, si en los mismos no existe Gerencia?

a) De la División de gestión y mantenimiento.
b) De la División médica.
c) De la División de enfermería.
d) De la División farmacéutica.

16. ¿Qué función no posee el Servicio de Admisión de ingresos de un hospital?

a) La gestión de las camas de hospitalización, según la ordenación establecida por la Dirección del Hospital.
b) Identificación de los pacientes, y control y autorización de traslados.
c) La de informar al usuario/paciente, así como de atender y garantizar la tramitación de las reclamaciones que se puedan producir.
d) Identificación de los pacientes.

17. Si un paciente ingresado en el hospital, requiere ser trasladado del Servicio de Medicina Interna al Servicio de Radiología, para la realización de exámenes, ¿quién autorizará de forma operativa dicho traslado?

a) El Servicio de Medicina Interna.
b) El Servicio de Radiología.
c) El Servicio de Admisión.
d) No requiere de concesión o autorización alguna, el celador lo llevará donde lo requiera el facultativo.

18. ¿Qué bienes de los pacientes/usuarios se custodian en la práctica generalmente?

a) Todos aquellos de los pacientes ingresados en la UCI.
b) Todos aquellos de los pacientes ingresados por Urgencias.
c) Todos aquellos de los pacientes ingresados en consultas externas.
d) Todos aquellos de los pacientes ingresados en habitaciones dentro de los servicios de un hospital.

19. ¿Dónde se llevará a cabo la custodia o depósito de pertenencias del usuario/paciente dentro de un hospital?

a) En el Servicio de Atención al Paciente.
b) En la Unidad de Admisión.
c) En la Unidad de Altas.
d) En la Unidad de Mantenimientos y movimientos de Pacientes en el Hospital.

20. ¿Cómo se elaborará el censo de camas ocupadas en un hospital?

a) Valorando las que podrían ocuparse en un día, menos las que se ocupan realmente.

b) Restando al número de camas totales de un hospital, las que están disponibles en ese día.

c) Restando al número de camas disponibles de un hospital, las que están ocupadas en ese día.

d) Restando al número de camas ocupadas, las que están disponibles en ese día.

En MADTEST tienes **más preguntas de este tema**, y todos tus avances quedan registrados y se reflejan en el ranking.

¡Supera tus límites con MADTEST!

Solución al test n.º 8

1. a) Cada día.

2. a) Hoja de enfermería.

3. c) Orientación sexual del paciente.

4. c) Gramos de etanol al día.

5. a) En el medio rural.

6. d) Se trate de un proceso de hospitalización o así se disponga normativamente.

7. c) El conjunto organizado de profesionales, instalaciones y medios técnicos que realiza actividades y presta servicios para cuidar la salud de los pacientes y usuarios.

8. d) La conformidad libre, voluntaria y consciente (con necesidad de estar en pleno uso de sus facultades).

9. b) Los profesionales asistenciales del centro que realizan el diagnóstico o el tratamiento del paciente.

10. b) 5.

11. b) Ingreso Voluntario Urgente.

12. b) Un enfermero desde donde se efectuó el ingreso del enfermo.

13. b) General.

14. a) La atención y la orientación al usuario durante su estancia en el centro sanitario.

15. b) De la División médica.

16. c) La de informar al usuario/paciente, así como de atender y garantizar la tramitación de las reclamaciones que se puedan producir.

17. c) El Servicio de Admisión.

18. b) Todos aquellos de los pacientes ingresados por Urgencias.

19. b) En la Unidad de Admisión.

20. b) Restando al número de camas totales de un hospital, las que están disponibles en ese día.

TEST N.º 9

Principios fundamentales de la bioética: dilemas éticos. Normas legales de ámbito profesional. El secreto profesional: concepto y regulación jurídica

1. ¿A qué se refiere cualquier circunstancia, dicho o hecho que perjudica a una persona en sus intereses, derechos o reputación respecto a terceros?

a) Difamación.
b) Calumnia.
c) Asalto.
d) Agravio.

2. ¿Cuál de estos no es un componente básico de los 8 que cita Mayeroff a desarrollar para disponer de la capacidad de cuidar?

a) Confianza.
b) Prudencia.
c) Paciencia.
d) Honestidad y humildad.

3. ¿Cuál sería, entre los pasos a seguir para la toma de decisiones éticas, el último a efectuar en la práctica clínica?

a) Principios.
b) Resolución del problema.
c) Descripción de problemas.
d) Decisiones a tomar.

4. ¿A qué nos referimos con un conjunto sistemático de principios que motivan y guían las acciones éticas?

a) A un modelo para la toma ética de decisiones.
b) Al propio juicio de cada sujeto, sea este profesional o no.
c) A un paradigma moral.
d) A un axioma ético.

5. ¿Qué ética supone la comprensión de lo que define a una profesión y sus funciones, establecer si esta profesión constituye o no nuestro absoluto profesional?

a) Ética personal.
b) Ética social.
c) Ética profesional.
d) Del profesional de enfermería.

6. ¿Qué profesionales sanitarios, dentro del equipo asistencial, son los que mantienen frecuentemente una relación más estrecha y continuada con el enfermo?

a) Enfermeros y TCAEs.
b) Médicos de Atención Primaria.
c) Técnicos Superiores Sanitarios.
d) Médicos de Atención Especializada.

7. ¿Qué forma de relación terapéutica del personal de enfermería es aquella en la que se desenvuelve situándose este en el papel del enfermo, para, desde esa situación, poder establecer una distancia y aportar salud en la medida de lo posible?

a) Relación abierta.
b) Relación simpática.
c) Relación cerrada.
d) Relación empática.

8. De estos, ¿qué código o principio rigen la experimentación con seres humanos?

a) Código da Vinci.
b) Código de Estocolmo.
c) Declaración Humana de Berna.
d) Código de Nuremberg.

9. ¿Cómo se consigue el respeto a la persona en toda experimentación o investigación sobre la misma?

a) Se consigue mediante la búsqueda del bien.
b) Se consigue mediante la confidencialidad.
c) Se consigue mediante el consentimiento.
d) Se consigue mediante la confidencialidad y el consentimiento.

10. ¿Cómo se denomina al acto cuando se actúa no para beneficiar o perjudicar a los demás?

a) Acto incívico.
b) Acto inmoral.
c) Acto amoral.
d) Son ciertas las respuestas b) y c).

11. ¿Sobre qué principios se apoya toda la asistencia sanitaria?

a) Principios de beneficencia y autonomía.
b) Principios de beneficencia y justicia.
c) Principios de autonomía, beneficencia y justicia.
d) Principios de autonomía, beneficencia, no maleficencia y justicia.

12. ¿Qué modelo de relación clínica es aquella que se basa en que el médico, a partir de sus conocimientos, es el que va a dirigir todo el proceso?

a) Modelo estándar.
b) Modelo paternalista.
c) Modelo informativo.
d) Modelo interpretativo.

13. ¿A qué modelo de relación clínica nos referimos si se basa en que el médico ayuda al paciente a elegir, entre todos los valores relacionados con su salud y que puedan desarrollarse en el acto clínico, aquellos que se consideren los mejores?

a) Deliberativo.
b) Paternalista.
c) Informativo.
d) Interpretativo.

14. Todo lo que se expone respecto al derecho a la maternidad es cierto, excepto:

a) Cuando se lleve a cabo el derecho a la maternidad, nadie será discriminado en el acceso a las prestaciones y servicios previstos en esta ley por motivos de origen racial o étnico, religión, convicción u opinión, sexo, discapacidad, orientación sexual, edad, estado civil, o cualquier otra condición o circunstancia personal o social.
b) Se reconoce el derecho a la maternidad libremente decidida.
c) El Estado no será el que velará para que se garantice la igualdad en el acceso a las prestaciones y servicios establecidos por el Sistema Nacional de Salud que inciden en el ámbito de aplicación de esta ley, ya que existen otros autores.
d) Los poderes públicos, de conformidad con sus respectivas competencias, llevarán a cabo las prestaciones y demás obligaciones que establece la presente ley en garantía de la salud sexual y reproductiva.

15. ¿Qué requisito necesario no es correcto para que se practique la interrupción voluntaria del embarazo?

a) Que se practique por una matrona bajo la dirección de un médico de familia.
b) Que se practique por un médico especialista o bajo su dirección.
c) Que se realice con el consentimiento expreso y por escrito de la mujer embarazada o, en su caso, del representante legal.
d) Que se lleve a cabo en centro sanitario público o privado acreditado.

16. ¿Hasta qué momento máximo de la gestación se podrá interrumpir el embarazo a petición de la embarazada, siempre que concurran los requisitos que indica la ley?

a) Hasta la 8.ª semana de gestación.
b) Hasta la 12.ª semana de gestación.
c) Hasta la 14.ª semana de gestación.
d) Hasta la 22.ª semana de gestación.

17. ¿Cómo se denomina la omisión planificada de los cuidados que facilita la muerte del paciente, que seguramente si estos se dieran prolongarían la vida del enfermo?

a) Distanasia.
b) Eutanasia activa.
c) Ortotanasia.
d) Eutanasia pasiva.

18. ¿Qué documento es necesario que se expida tras un óbito para acreditar de forma fehaciente el fallecimiento de su causante y se envía inmediatamente al Registro Civil?

a) Certificado de defunción.
b) Certificado de últimas voluntades.
c) Testamento vital.
d) Certificado de autopsia.

19. ¿Qué define la eutanasia pasiva según el contexto de la eutanasia?

a) Administración de medicamentos letales.
b) Retiro de soporte vital.
c) Aplicación de cuidados paliativos.
d) Todas las anteriores.

20. Según la ley, ¿cómo se debe certificar la muerte?

a) Testimonio de un familiar.
b) Diagnóstico de un médico.
c) Confirmación del cese irreversible de las funciones vitales.
d) Reporte policial.

En MADTEST tienes **más preguntas de este tema**, y todos tus avances quedan registrados y se reflejan en el ranking.

¡Supera tus límites con MADTEST!

Solución al test n.º 9

1. d) Agravio.

2. b) Prudencia.

3. b) Resolución del problema.

4. a) A un modelo para la toma ética de decisiones.

5. c) Ética profesional.

6. a) Enfermeros y TCAEs.

7. d) Relación empática.

8. d) Código de Nuremberg.

9. d) Se consigue mediante la confidencialidad y el consentimiento.

10. c) Acto amoral.

11. d) Principios de autonomía, beneficencia, no maleficencia y justicia.

12. b) Modelo paternalista.

13. a) Deliberativo.

14. c) El Estado no será el que velará para que se garantice la igualdad en el acceso a las prestaciones y servicios establecidos por el Sistema Nacional de Salud que inciden en el ámbito de aplicación de esta ley, ya que existen otros autores.

15. a) Que se practique por una matrona bajo la dirección de un médico de familia.

16. c) Hasta la 14.ª semana de gestación.

17. d) Eutanasia pasiva.

18. a) Certificado de defunción.

19. b) Retiro de soporte vital.

20. c) Confirmación del cese irreversible de las funciones vitales.

Salud laboral: Concepto. Condiciones físico-ambientales del trabajo. Accidentes de riesgo biológico: medidas de prevención. Ergonomía: Métodos adecuados de movilización de enfermos e incapacitados

1. ¿Cuál es en España la norma básica que regula en la actualidad la materia de Prevención de Riesgos Laborales?

a) Ley 31/1995, de 8 de noviembre.
b) Ley 13/1990, de 22 de abril.
c) Ley 22/2000, de 12 de diciembre.
d) Ley 14/1998, de 25 de septiembre.

2. La Higiene teórica proveniente de la Higiene en el Trabajo:

a) Se encarga de la identificación cualitativa y cuantitativa de los agentes nocivos.
b) Se encarga de buscar soluciones a los problemas detectados y trata de eliminar todos los riesgos.
c) Se encarga del estudio a través de la investigación en el ámbito de la higiene laboral.
d) Se encarga de estudiar la relación entre dosis de exposición al agente nocivo y la respuesta que este desencadena en el organismo humano.

3. ¿De qué se dice que "es aquel en el que la producción de calor metabólico está en equilibrio con las pérdidas de calor orgánico (por convección e irradiación), las pérdidas de calor respiratorio y la transpiración insensible"?

a) Ambiente térmico fisiológico.
b) Ambiente térmico neutro.
c) Ambiente térmico físico-químico.
d) Nada de lo anterior es cierto.

4. ¿Cuál es la unidad más empleada en medicina del trabajo respecto al ambiente sonoro, si queremos evaluar la existencia o no de contaminación acústica?

a) Lumen.
b) Son.

c) Decibelio.
d) metro/segundo.

5. ¿Qué radiaciones electromagnéticas de estas consideras ionizante?

a) Radiaciones Y e infrarroja.
b) Radiaciones X y gamma.
c) Radiaciones alfa y beta.
d) Radiaciones alfa e infrarroja.

6. ¿Qué medida universal de estas respecto a los riesgos relacionados con la exposición a agentes biológicos durante el trabajo en ambientes hospitalarios es del tipo inmunización activa?

a) Suero frente a hepatitis B.
b) Vacunación frente a hepatitis B.
c) Quimioprofilaxis antivírica.
d) Todo lo anterior es cierto.

7. La esterilización por calor húmedo bajo presión es mediante:

a) Autoclave.
b) Poupinel.
c) Incineración.
d) Flameado.

8. ¿Qué zona corporal es la más dañada por la manipulación de cargas?

a) Espalda (zona dorsolumbar).
b) Tórax.
c) Espalda (zona cervical).
d) Extremidades inferiores.

9. ¿Qué carga no se recomienda que manejen mujeres, trabajadores jóvenes o aquellos de edad avanzada?

a) Cargas superiores a 5 kg.
b) Cargas superiores a 15 kg.
c) Cargas superiores a 25 kg.
d) Cargas superiores a 35 kg.

10. ¿Cuál es el tamaño máximo recomendable de una carga (alto x ancho x profundo, en cm)?

a) 70 x 50 x 50.
b) 60 x 60 x 60.

c) 60 x 60 x 50.
d) 80 x 60 x 60.

11. ¿Qué distancias indicarán las «coordenadas» de la situación espacial de la carga?

a) Distancias H y T.
b) Distancias T y V.
c) Distancias H y S.
d) Distancias H y V.

12. ¿A qué se denomina la disminución de la capacidad física y mental después de realizar un trabajo?

a) Carga mental.
b) Fatiga.
c) Adinamia.
d) Estrés.

13. La carga mental se denomina también:

a) Esfuerzo intelectual.
b) Esfuerzo mental.
c) Carga psíquica.
d) Carga cognitiva.

14. ¿Cómo se llama también el síndrome de quemado o de agotamiento profesional?

a) Mobbing.
b) Burnout.
c) Eustrés.
d) Distrés.

15. La ciencia de la adaptación del trabajo al hombre es:

a) Laborterapia.
b) Ergonomía.
c) Terapia Ocupacional.
d) Ninguna de las anteriores.

16. ¿Qué ergonomía se encarga del estudio de la relación entre el ser humano y las condiciones métricas de su puesto de trabajo en lo relativo a su comodidad y confort estático, tanto en posiciones de pie como sentado, pie-sentado, etc.?

a) Ergonomía geométrica.
b) Ergonomía geográfica.

c) Ergonomía ambiental.
d) Ergonomía temporal.

17. Los esfuerzos repetitivos de las muñecas pueden ocasionar:

a) Tendinitis.
b) Cefaleas.
c) Lumbalgias.
d) Todo lo anterior.

18. ¿Qué riesgo en particular pueden presentar más frecuentemente las cargas de peso en diferentes situaciones cuando es demasiado pesada o demasiado voluminosa?

a) Riesgo craneocervical.
b) Riesgo cervical.
c) Riesgo dorsocervical.
d) Riesgo dorsolumbar.

19. ¿En qué circunstancias el medio de trabajo no aumenta el riesgo, particular-mente dorsolumbar?

a) Cuando el espacio libre, especialmente vertical, resulta insuficiente para el ejercicio de la actividad de que se trate.
b) Cuando el suelo es regular.
c) Cuando la situación o el medio de trabajo no permite al trabajador la manipulación manual de cargas a una altura segura.
d) Cuando la situación o el medio de trabajo no permite al trabajador la manipulación manual de cargas en una postura correcta.

20. ¿Qué equipo (EPI) suele emplearse como de uso general a nivel sanitario?

a) Delantales.
b) Guantes de látex.
c) Gafas de seguridad.
d) Viseras.

En MADTEST tienes **más preguntas de este tema**, y todos tus avances quedan registrados y se reflejan en el ranking.

¡Supera tus límites con MADTEST!

Solución al test n.º 10

1. a) Ley 31/1995, de 8 de noviembre.

2. d) Se encarga de estudiar la relación entre dosis de exposición al agente nocivo y la respuesta que este desencadena en el organismo humano.

3. b) Ambiente térmico neutro.

4. c) Decibelio.

5. b) Radiaciones X y gamma.

6. b) Vacunación frente a hepatitis B.

7. a) Autoclave.

8. a) Espalda (zona dorsolumbar).

9. b) Cargas superiores a 15 kg.

10. c) 60 x 60 x 50.

11. d) Distancias H y V.

12. b) Fatiga.

13. d) Carga cognitiva.

14. b) Burnout.

15. b) Ergonomía.

16. a) Ergonomía geométrica.

17. a) Tendinitis.

18. d) Riesgo dorsolumbar.

19. b) Cuando el suelo es regular.

20. b) Guantes de látex.

**Estructura general y composición de una Unidad de paciente.
Tipos y técnicas de hacer la cama hospitalaria. Paciente encamado:
Posición anatómica y alineación corporal. Procedimientos
de preparación de las camas. Cambios posturales. Manipulación de
drenajes. Técnicas de ayuda para deambulación.
Técnicas de traslado de pacientes**

1. La temperatura de las habitaciones del hospital debe oscilar entre:

a) 16-18 ºC.
b) 20-22 ºC.
c) 26-28 ºC.
d) 30-32 ºC.

2. ¿Qué mobiliario de la habitación del paciente no es imprescindible?

a) Mesita de noche y armario.
b) Cama.
c) Sofá pequeño.
d) Silla y/o sillón.

3. ¿En cuántos segmentos móviles se divide el somier metálico de la cama articulada?

a) En 2.
b) En 3.
c) En 4.
d) No tiene divisiones.

4. La cama articulada de somier rígido impide al paciente colocarlo en la posición de:

a) Decúbito supino.
b) Decúbito prono.

c) Decúbito lateral.

d) Fowler.

5. El marco triangular de Balkan lo posee la cama:

a) Ortopédica de Judet.

b) Bouchat.

c) De levitación.

d) Electrocircular o de Striker.

6. El denominado potro se emplea para:

a) Encamar a quemados.

b) Exploración ginecológica.

c) Encamar a pacientes con UPP.

d) Encamar a enfermos con grandes traumatismos.

7. El armazón para el volteo Foster se emplea:

a) Para facilitar al paciente la respiración.

b) Para el cambio postural.

c) Evitar infecciones micóticas.

d) Para liberar de estrés al paciente.

8. ¿De qué otra cama es variante la cama libro?

a) De la cama de levitación.

b) De la cama de exploración o potro ginecológico.

c) De la cama articulada.

d) De la cama Striker.

9. La cama roto-rest se emplea en:

a) Prevención de infecciones en general.

b) Prevención de infecciones en quemados.

c) Inmovilización de pacientes.

d) Prevención de úlceras por presión (UPP).

10. ¿Qué dispositivo o accesorio de la cama hospitalaria es aquel que se coloca sobre el enfermo para que la ropa de la cama descanse sobre él y evitar al paciente el peso de la misma?

a) Férula de acero.

b) Centinelas de cama.

c) Pupitre.

d) Soporte.

11. ¿Cómo se llama también la posición de antiTrendelenburg?

a) La posición de litotomía.
b) La posición de Morestin.
c) La posición de Roser.
d) La posición de Sims.

12. La posición mahometana es:

a) La posición de litotomía.
b) La posición de Fowler.
c) La posición de Morestin.
d) La posición genupectoral.

13. ¿Cuál de estas posiciones es quirúrgica?

a) Posición de Fowler.
b) Posición de decúbito supino.
c) Posición de Morestin.
d) Posición de decúbito prono.

14. ¿Cuál de estas posiciones consideras quirúrgica?

a) Posición de Trendelenburg.
b) Posición de decúbito prono.
c) Posición de Fowler.
d) Posición de Sims.

15. La posición de Kraske se emplea en:

a) Pacientes que presenten problemas digestivos con reflujo gastrointestinal, hernias de hiato y enfermedades respiratorias.
b) Pacientes que presenten problemas cardíacos.
c) Cirugía coxígea.
d) Posición antishock.

16. ¿Qué indicaciones son las más frecuentes de las muletas de aluminio?

a) Esguinces.
b) Enfermos tetrapléjicos.
c) Enfermos parapléjicos.
d) Son ciertas las respuestas b) y c).

17. ¿Cuál de estas ayudas es autoestable?

a) Pasamanos.
b) Barras paralelas.

c) Bastones multipodales.
d) Ninguna de las anteriores.

18. ¿Qué define la OMS como la consecuencia de cualquier acontecimiento que precipita al paciente al suelo en contra de su voluntad?

a) Traumatismo.
b) Suicidio.
c) Caída.
d) Accidente.

19. ¿Cómo se denominan los factores de riesgo de caídas que están relacionados con las condiciones generales del propio individuo?

a) Constitucionales.
b) Extrínsecos.
c) Intrínsecos.
d) Precipitantes.

20. ¿Qué es lo primero que hay que hacer ante la realidad de que la caída se ha producido?

a) Evaluación de la misma.
b) Intervenir modificando los elementos desencadenantes.
c) Intervenir modificando los elementos precipitantes.
d) Realizar un croquis de las circunstancias.

En MADTEST tienes **más preguntas de este tema**, y todos tus avances quedan registrados y se reflejan en el ranking.

¡Supera tus límites con MADTEST!

Solución al test n.º 11

1. b) 20-22 ºC.

2. c) Sofá pequeño.

3. b) En 3.

4. d) Fowler.

5. a) Ortopédica de Judet.

6. b) Exploración ginecológica.

7. b) Para el cambio postural.

8. c) De la cama articulada.

9. b) Prevención de infecciones en quemados.

10. a) Férula de acero.

11. b) La posición de Morestin.

12. d) La posición genupectoral.

13. c) Posición de Morestin.

14. a) Posición de Trendelenburg.

15. c) Cirugía coxígea.

16. a) Esguinces.

17. c) Bastones multipodales.

18. c) Caída.

19. c) Intrínsecos.

20. a) Evaluación de la misma.

TEST N.º 12

Preparación del paciente para la exploración: Posiciones anatómicas y preparación de materiales médico-quirúrgicos de utilización en la exploración médica. Colaboración en la atención pre y postoperatoria. Mantenimiento y reposición del material

1. Una intervención de tipo paliativo es aquella:

a) Que fortalece las zonas debilitadas, o pretende volver a unir zonas anatómicas que se encuentran separadas o tiene por objeto corregir deformidades.
b) Que alivia los síntomas de un determinado proceso, sin curar la enfermedad.
c) Que se utiliza para determinar la causa de los síntomas.
d) Que busca mejorar el aspecto físico.

2. ¿Qué función poseerá la intervención quirúrgica que persiga determinar la causa o causas de los síntomas de un proceso morboso?

a) Intervención ablativa.
b) Intervención paliativa.
c) Intervención reparadora.
d) Intervención diagnóstica.

3. ¿Cómo se denomina al período de tiempo que transcurre desde que un paciente va a ser intervenido hasta que es dado de alta en el hospital?

a) Período preoperatorio.
b) Período transoperatorio.
c) Período perioperatorio.
d) Período posoperatorio.

4. ¿Cuál de estas personas con un grupo sanguíneo concreto consideras que es donante universal?

a) Aquella con O^+.
b) Aquella con AB^+.

c) Aquella con O⁻.

d) Aquella con B⁻.

5. ¿Qué modalidad de sangre se preparará para transfundir a un paciente si la necesitase, en caso de urgencia y sin previa averiguación analítica de su grupo sanguíneo?

a) Del grupo sanguíneo AB (+).

b) Del grupo sanguíneo 0 (-).

c) Del grupo sanguíneo 0 (+).

d) Son ciertas las respuestas b) y c).

6. ¿Qué intervención por el área quirúrgica o campo de intervención se corresponde con la de la imagen?

a) Cirugía perineal.

b) Cirugía abdominal.

c) Cirugía hernia inguinal.

d) Cirugía de bajo vientre.

7. La premedicación se suele administrar habitualmente al paciente antes de la cirugía:

a) 15 a 20 minutos.

b) 25 a 40 minutos.

c) 45 a 75 minutos.

d) 95 a 120 minutos.

8. ¿Qué es falso del bloque quirúrgico?

a) En él trabaja tanto personal sanitario como no sanitario.

b) Suele situarse en una zona del hospital tumultuosa y con tránsito de personas, aunque mal comunicada con el resto de las unidades, para que a ella lleguen nadie más que los interesados.

c) Posee un conjunto de instalaciones acondicionadas y equipadas para poder realizar en ellas las intervenciones quirúrgicas con las mayores garantías.

d) Está funcional y físicamente diferenciado del resto del hospital.

9. Los almacenes para guardar el material quirúrgico, aparatos, sueros, camillas, farmacia en general, etc., existentes en el bloque quirúrgico pertenecen al área:

a) De intercambio.

b) Estéril.

c) Sucia.

d) Limpia.

10. ¿Cómo se denomina la zona del bloque quirúrgico donde se requiere de uniforme quirúrgico, calzas o zuecos quirúrgicos, gorro, y uso de mascarilla obligatorio?

a) Zona sin limitación de acceso.
b) Zona semilimitada.
c) Zona limitada.
d) Zona prohibida.

11. La presión arterial se mide en:

a) mm de Ag.
b) Bares.
c) Pascal.
d) mm de Hg.

12. ¿Qué aparato emplea ultrasonidos como medio de exploración médica instrumental?

a) Ecografía.
b) RNM.
c) Espirometría.
d) Radiografía simple.

13. ¿Qué tiempo de ayuno generalmente se emplea antes de la exploración para un TAC craneal?

a) No hay tiempo de ayuno.
b) Cuatro horas.
c) Doce horas.
d) Veinticuatro horas.

14. ¿Qué prueba o exploración permite valorar el grado de acidez-alcalinidad de las secreciones gástricas?

a) Enema opaco.
b) Gastroscopia.
c) pH-metría.
d) Prueba de ureasa.

15. La endoscopia convencional realizada por vía anal que permite la visualización del colon y resto de intestino grueso se denomina:

a) Colposcopia.
b) Gastroscopia.
c) Laparoscopia.
d) Colonoscopia.

16. ¿Cómo se denomina la exploración radiológica con contraste de vejiga urinaria?

a) Pielografía.
b) Cistografía retrógrada.
c) Urografía.
d) Uretrografía.

17. ¿En qué exploración instrumental de estas se utiliza el diapasón mediante la transmisión del sonido por vía ósea?

a) Prueba de Ranvier.
b) Prueba de Weber.
c) Prueba de Rinnie.
d) Prueba de Strauss.

18. ¿Cuál es el personal sanitario responsable de preparar todo lo necesario para una exploración médica?

a) El médico.
b) El enfermero.
c) El TCAE.
d) El celador.

19. ¿En qué zona de estas de la región lumbar no se suele introducir una aguja para la punción lumbar?

a) En la 2.ª vértebra lumbar.
b) En la 3.ª vértebra lumbar.
c) En la 4.ª vértebra lumbar.
d) En la 5.ª vértebra lumbar.

20. ¿En qué posición generalmente se colocará al paciente para la realización de una punción de médula ósea?

a) En posición de litotomía.
b) En posición de decúbito lateral.
c) En posición de decúbito supino.
d) En posición de Sims.

En MADTEST tienes **más preguntas de este tema**, y todos tus avances quedan registrados y se reflejan en el ranking.

¡Supera tus límites con MADTEST!

Solución al test n.º 12

1. b) Que alivia los síntomas de un determinado proceso, sin curar la enfermedad.

2. d) Intervención diagnóstica.

3. c) Período perioperatorio.

4. c) Aquella con O⁻.

5. b) Del grupo sanguíneo 0 (-).

6. b) Cirugía abdominal.

7. c) 45 a 75 minutos.

8. b) Suele situarse en una zona del hospital tumultuosa y con tránsito de personas, aunque mal comunicada con el resto de las unidades, para que a ella lleguen nadie más que los interesados.

9. a) De intercambio.

10. c) Zona limitada.

11. d) mm de Hg.

12. a) Ecografía.

13. b) Cuatro horas.

14. c) pH-metría.

15. d) Colonoscopia.

16. b) Cistografía retrógrada.

17. b) Prueba de Weber.

18. c) El TCAE.

19. a) En la 2.ª vértebra lumbar.

20. c) En posición de decúbito supino.

Constantes vitales: Concepto. Principios fundamentales, técnicas de toma de constantes. Gráficas y balance hídrico

1. ¿En la toma de qué constante vital no hay que avisar al enfermo acerca de lo que se le va a hacer?

a) Temperatura.
b) Pulso.
c) Respiración.
d) Tensión arterial.

2. ¿Qué afirmación es incorrecta de las acciones a seguir por el TCAE, cuando se observa alguna cuestión fuera de lo normal en la toma de constantes vitales?

a) Nunca debe dejar registrado su nombre en la hoja de incidencias de enfermería pero siempre el del paciente.
b) Debe dejar constancia por escrito en la hoja de incidencias de enfermería de todo aquello que sea considerado como fuera de lo normal.
c) Debe informar objetivamente al enfermero/a responsable del paciente de todo aquello que sea considerado como fuera de lo normal.
d) Debe dejar por escrito en la hoja de incidencias de enfermería la hora a la que se ha realizado la observación y el día que ha ocurrido, así como cuál ha sido su actuación ante aquello considerado como fuera de lo normal.

3. En el área de pediatría y urgencias en hospitales se está implantando el termómetro de:

a) Columna de mercurio.
b) Columna de galio.
c) Cristal de mercurio.
d) Sensor timpánico.

4. La temperatura bucal se puede tomar en:

a) Niños menores de 6 años.
b) Pacientes en coma.

c) Pacientes con agitación psicomotriz.
d) Niños mayores de 6 años.

5. Existe taquicardia por encima de:

a) 75 pulsaciones/minuto.
b) 85 pulsaciones/minuto.
c) 95 pulsaciones/minuto.
d) 100 pulsaciones/minuto.

6. ¿Cómo se denomina aquel pulso que se percibe con facilidad y que produce gran amplitud en el vaso que se palpa?

a) Fuerte.
b) Pleno.
c) Rebotante.
d) Filiforme.

7. El pulso central o apical se toma:

a) En la punta del corazón.
b) En la zona central del muslo.
c) En el cuello (es sinónimo del yugular).
d) En la zona central del brazo.

8. ¿Cuál de estas consideras una razón sustancial y etiopatogénica para tomar el pulso?

a) Para valorar la frecuencia, el ritmo, el volumen y la tensión del pulso, que pueden reflejar un problema general.
b) Para identificar a un sujeto.
c) Para valorar el estado de salud del sujeto.
d) Para conocer la edad del individuo.

9. ¿Cuál de estas es considerada una posición adecuada para tomar el pulso?

a) Posición de bipedestación.
b) Posición de sentado.
c) Posición de decúbito prono.
d) Son válidas las respuestas a) y b).

10. La ausencia de respiración se denomina:

a) Apnea.
b) Hipernea.

c) Ortopnea.
d) Ripnea.

11. La serie de respiraciones irregulares en profundidad, interrumpidas por intervalos de apnea se denomina respiración de:

a) Biot.
b) Bouchut.
c) Kussmaul.
d) Cheyne-Stokes.

12. ¿En qué tipo de gráficas existe un apartado también para la medicación?

a) En Gráficas mensuales.
b) En Gráficas semanales.
c) En Gráficas ordinarias.
d) En Gráficas especiales.

13. En ausencia de patología, en el ritmo respiratorio normal la fase inspiratoria es más corta que la espiratoria en una proporción:

a) 2:1.
b) 3:1.
c) 4:1.
d) 5:1.

14. En un adulto joven y sano la presión sistólica es de:

a) 180 mmHg.
b) 155 mmHg.
c) 130 mmHg.
d) 100 mmHg.

15. La temperatura ambiente a la hora de tomar la tensión arterial debe estar sobre los:

a) 10 ºC.
b) 22 ºC.
c) 30 ºC.
d) 35 ºC.

16. La hipotensión postural se denomina también:

a) Idiopática.
b) Esencial.
c) Ortostática.
d) Paradójica.

17. El anión más importante del espacio extracelular es:

a) Sodio.
b) Cloro.
c) Potasio.
d) Calcio.

18. ¿Cuál es el componte más importante del cuerpo humano?

a) El sodio.
b) El postasio.
c) El agua.
d) La sal.

19. El espacio situado entre las células se denomina espacio:

a) Extracelular.
b) Intracelular.
c) Intersticial.
d) Intravascular.

20. ¿Cuál es el catión más abundante en el espacio intracelular?

a) Sodio.
b) Hidrógeno.
c) Potasio.
d) Cloruro.

En MADTEST tienes **más preguntas de este tema**, y todos tus avances quedan registrados y se reflejan en el ranking.

¡Supera tus límites con MADTEST!

Solución al test n.º 13

1. c) Respiración.

2. a) Nunca debe dejar registrado su nombre en la hoja de incidencias de enfermería pero siempre el del paciente.

3. d) Sensor timpánico.

4. d) Niños mayores de 6 años.

5. d) 100 pulsaciones/minuto.

6. b) Pleno.

7. a) En la punta del corazón.

8. a) Para valorar la frecuencia, el ritmo, el volumen y la tensión del pulso, que pueden reflejar un problema general.

9. b) Posición de sentado.

10. a) Apnea.

11. a) Biot.

12. d) En Gráficas especiales.

13. b) 3:1.

14. c) 130 mmHg.

15. b) 22 ºC.

16. c) Ortostática.

17. b) Cloro.

18. c) El agua.

19. c) Intersticial.

20. c) Potasio.

TEST N.º 14

Atención y cuidados del paciente en las necesidades de alimentación: conceptos fundamentales de Dietética. Los alimentos: Clasificación, higiene y manipulación. Dietas terapéuticas. Vías de alimentación: oral, enteral y parenteral: apoyo de comidas a pacientes

1. ¿A qué se denomina la forma y manera de proporcionar al organismo los alimentos que le son indispensables?

a) Nutrición.
b) Alimentación.
c) Metabolismo.
d) Asimilación.

2. ¿Cómo se denominan los alimentos que están destinados fundamentalmente a la formación y renovación de los tejidos humanos, tanto en la fase de construcción o crecimiento como en la renovación de tejidos en los adultos?

a) Energéticos.
b) Vitamínicos.
c) Plásticos.
d) Reguladores.

3. ¿Qué alimentos son aquellos cuya composición principal son las proteínas y el calcio?

a) Alimentos reguladores.
b) Alimentos biocatalizadores.
c) Alimentos energéticos.
d) Alimentos plásticos.

4. Las frutas pertenecen en la nueva rueda de alimentos al grupo:

a) VI.
b) V.

c) IV.
d) III.

5. La base de la pirámide de alimentación saludable está compuesta de:

a) Recomendaciones de estilos de vida saludable (equilibrio emocional, actividad física diaria, ingesta adecuada de agua…).
b) Tomar alimentos de la dieta mediterránea.
c) Alimentos de consumo opcional y moderado.
d) Alimentos de consumo variado y diario.

6. La ingesta adecuada de agua diaria está en torno a los:

a) 1,5 litros.
b) 2 litros.
c) 2,5 litros.
d) 3,5 litros.

7. La regla de las tres erres, también conocida como 3R se aplican a la alimentación:

a) Variable.
b) Opcional.
c) Sostenible.
d) Saludable.

8. ¿Quién pone directamente en marcha y desarrolla la estrategia NAOS?

a) La Sociedad Española de Nutrición Comunitaria (SENC).
b) La Agencia Española de Seguridad Alimentaria y Nutrición (AESAN).
c) La Secretaría de Estado de Consejos dietéticos, mediante el programa EDALNU del Ministerio de Sanidad.
d) El Ministerio de Innovación, Desarrollo e Industria.

9. ¿Qué carne de estas consideras con más grasa?

a) La carne de cordero.
b) La carne de ternera.
c) La carne de conejo.
d) La carne de caballo.

10. ¿Cuál es la unidad de energía tradicionalmente empleada en nutrición y que sigue usándose con carácter generalizado?

a) El julio (J).
b) La Caloría grande (Cal).

c) El grado centígrado (ºC).
d) El ergio (erg).

11. Empleando la fórmula de Harris y Benedict del metabolismo basal diremos que un varón de 35 kg de peso, 1,40 m de talla y 11 años de edad, será aproximadamente de:

a) 700.
b) 850.
c) 1100.
d) 2100.

12. ¿Qué factor se estos es el que más influye en la multiplicación de microorganismos?

a) Las calorías de los alimentos.
b) La temperatura del medio.
c) La presión atmosférica.
d) La presencia o no de otros gérmenes.

13. ¿Qué agentes bióticos de los siguientes son mas productores de toxiinfecciones alimentarias?

a) Hongos.
b) Bacterias.
c) Protozoos.
d) Parásitos.

14. ¿Cuál es la fuente más importante de contaminación de intoxicaciones químicas de origen alimentario de forma directa sobre frutas y verduras que ingerimos, o indirecta tras la ingesta de lo anterior de animales?

a) El estiércol de origen animal.
b) Los mercuriales.
c) Los insecticidas.
d) El riego con agua contaminada.

15. ¿Qué aminoácido es esencial?

a) Prolina.
b) Cisteína.
c) Triptófano.
d) Alanina.

16. ¿Qué principios inmediatos son sustancias energéticas?

a) Grasas.
b) Grasas y proteínas.

c) Azúcares y proteínas.

d) Grasas y azúcares.

17. ¿Cuál de estos nutrientes se considera micronutriente (imprescindibles en pequeñas cantidades)?

a) Vitaminas.

b) Azúcares.

c) Proteínas.

d) Grasas.

18. El retinol es un constituyente de la vitamina:

a) Vitamina A.

b) Vitamina B_2.

c) Vitamina C.

d) Vitamina D.

19. ¿Con qué término se corresponde esta definición: «la técnica y el arte de utilizar los alimentos de la forma adecuada, partiendo del conocimiento profundo del organismo humano y de los alimentos, para proponer y promover formas de alimentación, variada, suficiente y equilibrada»?

a) Dietoterapia.

b) Nutrición.

c) Bromatología.

d) Dietética.

20. Un IMC (índice de Masa Corporal) de 27, según Garrow, estaría en el grado de obesidad:

a) No obesidad.

b) Leve.

c) Moderada.

d) Grave.

En MADTEST tienes **más preguntas de este tema**, y todos tus avances quedan registrados y se reflejan en el ranking.

¡Supera tus límites con MADTEST!

Solución al test n.º 14

1. b) Alimentación.

2. c) Plásticos.

3. d) Alimentos plásticos.

4. a) VI.

5. a) Recomendaciones de estilos de vida saludable (equilibrio emocional, actividad física diaria, ingesta adecuada de agua…).

6. c) 2,5 litros.

7. c) Sostenible.

8. b) La Agencia Española de Seguridad Alimentaria y Nutrición (AESAN).

9. a) La carne de cordero.

10. b) La Caloría grande (Cal).

11. c) 1100.

12. b) La temperatura del medio.

13. b) Bacterias.

14. c) Los insecticidas.

15. c) Triptófano.

16. d) Grasas y azúcares.

17. a) Vitaminas.

18. a) Vitamina A.

19. d) Dietética.

20. b) Leve.

TEST N.º 15

Medicamentos: vías de administración. Condiciones de almacenamiento y conservación de medicamentos. Caducidades

1. Toda sustancia empleada en la fabricación de un medicamento, ya permanezca inalterada, se modifique o desaparezca en el transcurso del proceso, se llama:

a) Excipiente.
b) Coadyuvante.
c) Materia prima.
d) Principio activo.

2. ¿Cómo se denomina todo medicamento que tenga la misma composición cualitativa y cuantitativa en principios activos y la misma forma farmacéutica, y cuya bioequivalencia con el medicamento de referencia haya sido demostrada por estudios adecuados de biodisponibilidad?

a) Medicamento especial.
b) Medicamento magistral.
c) Medicamento de investigación.
d) Medicamento genérico.

3. ¿Cómo se consideran las «premezclas para piensos medicamentosos» elaboradas para ser incorporadas a un pienso?

a) Medicamentos de uso humano.
b) Medicamentos de uso veterinario.
c) Medicamentos de terapia génica.
d) Medicamentos de origen humano.

4. La farmacodinamia estudia:

a) Los efectos de los fármacos en el organismo.
b) La aplicación de los fármacos en el ser humano con la finalidad de curar o de alterar voluntariamente una función normal.

c) Las reacciones adversas y las enfermedades producidas por los medicamentos.

d) La evolución de un fármaco en el organismo tras su administración por distintas vías, identificando los metabolitos y las modalidades de eliminación.

5. Cuando digo aspirina me estoy refiriendo a:

a) La marca registrada (nombre comercial).
b) Nombre científico.
c) Nombre químico.
d) Nombre genérico.

6. ¿Qué mecanismo de acción de fármacos serán aquellos en los que no intervienen estructuras biológicas especializadas (receptores)?

a) Estocástico.
b) No específico.
c) Específico.
d) Variable.

7. ¿Qué órgano se encarga de la eliminación de los metabolitos?

a) Esófago.
b) Estómago.
c) Hígado.
d) Páncreas.

8. El paso del fármaco de la sangre a los tejidos dependerá de su fijación a:

a) Proteínas plasmáticas.
b) Lípidos serológicos.
c) Glúcidos plasmáticos.
d) ATP circulante.

9. El efecto primario pretendido, es decir, la razón por la cual se prescribe el fármaco, con una dosis mínima eficaz es el efecto:

a) Secundario.
b) Lateral.
c) Terapéutico.
d) Adverso.

10. ¿Qué medicamentos de estos son formas farmacéuticas líquidas?

a) Polvos.
b) Sellos.
c) Emulsiones.
d) Geles.

11. ¿Cuál es la parte de la farmacología que estudia el movimiento de los fármacos en el organismo en función del tiempo y la dosis, desde que se administra hasta su eliminación total?

a) Farmacología clínica.
b) Farmacodinamia.
c) Farmacocinética.
d) Farmacognosia.

12. ¿Cómo se denomina el procedimiento que se lleva a cabo con la hoja de tratamiento correspondiente, para asegurarse al mismo tiempo del nombre del paciente, número de habitación y cama, medicamento y dosis a administrar, vía y horario?

a) Comprobación de los 5 errores o los 5 correctos.
b) Comprobación de la filiación del enfermo.
c) Comprobación de los 8 errores.
d) Nada de lo anterior es cierto.

13. Todo lo que se expone de la administración de un fármaco por vía oral es cierto, excepto que:

a) Puede y debe administrarse un medicamento preparado por otra persona (si requiere lo mismo).
b) No se deben administrar medicamentos en un recipiente mal rotulado.
c) No se debe perder de vista el carrito unidosis o bandeja de medicamentos.
d) Los medicamentos no usados nunca se regresan a los recipientes, se desechan o bien se avisa a farmacia.

14. ¿Qué afirmación es cierta respecto a la administración oftálmica?

a) No deben aplicarse las gotas estando la persona de pie o sentada, solo se pondrá si está en decúbito.
b) Nunca se eliminará el exceso de medicación con una gasa limpia.
c) Se limpiarán los ojos de secreciones con una gasa estéril empapada en una solución irrigante, utilizando una gasa diferente para cada ojo con el fin de no contaminar o extender la infección.
d) No se debe tirar del parpado inferior y sí del superior, para aplicar el medicamento.

15. Los sistemas percutáneos se corresponden con la vía:

a) Tópica.
b) Intratecal.
c) Intraneural.
d) Transdérmica.

16. ¿Qué vía es parenteral directa?

a) Vía subcutánea.
b) Vía intraósea.
c) Vía intraarterial.
d) Son ciertas las respuestas a) y c).

17. ¿Cuál es el motivo por el que se evita la perfusión venosa en las piernas de medicamentos?

a) No existe ningún motivo, y se hace habitualmente en la práctica.
b) Mayor riesgo de infecciones.
c) Mayor riesgo de hemorragias.
d) Mayor riesgo de tromboflebitis.

18. ¿Qué otro nombre recibe la vía subcutánea?

a) Vía transdérmica.
b) Vía intradérmica.
c) Vía hipodérmica.
d) Vía subdérmica.

19. ¿Qué vía de esta es intrarraquídea?

a) Vía intratecal.
b) Vía intraarticular.
c) Vía intraperitoneal.
d) Vía intraótica.

20. Se recomienda y considera, según la OMS, que todos los medicamentos tienen una vigencia máxima, desde su fecha de fabricación, de:

a) 1 año.
b) 3 años.
c) 5 años.
d) 10 años.

En MADTEST tienes **más preguntas de este tema**, y todos tus avances quedan registrados y se reflejan en el ranking.

¡Supera tus límites con MADTEST!

Solución al test n.º 15

1. c) Materia prima.

2. d) Medicamento genérico.

3. b) Medicamentos de uso veterinario.

4. a) Los efectos de los fármacos en el organismo.

5. a) La marca registrada (nombre comercial).

6. b) No específico.

7. c) Hígado.

8. a) Proteínas plasmáticas.

9. c) Terapéutico.

10. c) Emulsiones.

11. c) Farmacocinética.

12. a) Comprobación de los 5 errores o los 5 correctos.

13. a) Puede y debe administrarse un medicamento preparado por otra persona (si requiere lo mismo).

14. c) Se limpiarán los ojos de secreciones con una gasa estéril empapada en una solución irrigante, utilizando una gasa diferente para cada ojo con el fin de no contaminar o extender la infección.

15. d) Transdérmica.

16. c) Vía intraarterial.

17. d) Mayor riesgo de tromboflebitis.

18. c) Vía hipodérmica.

19. a) Vía intratecal.

20. c) 5 años.

TEST N.º 16

Técnicas de aplicación de termoterapia, crioterapia e hidroterapia. Efectos sobre el organismo. Procedimientos y precauciones

1. ¿Qué especialidad de la medicina aprovecha los efectos terapéuticos del frío y del calor aplicándolos en las superficies corporales?

a) Fisioterapia.
b) Medicina química.
c) Medicina eléctrica.
d) Electroterapia.

2. El empleo de electricidad como medio físico y terapéutico se denomina:

a) Medicina física.
b) Medicina eléctrica.
c) Electroterapia.
d) Son ciertas las respuestas b) y c).

3. ¿Cómo se denomina la aplicación de frío como medio terapéutico de fisioterapia?

a) Hidroterapia.
b) Helioterapia.
c) Crioterapia.
d) Termoterapia.

4. ¿Sobre qué parte corporal posee mayores repercusiones los efectos del calor en termoterapia?

a) Sobre la piel.
b) Sobre los dientes.
c) Sobre el sistema óseo.
d) Sobre el aparato respiratorio.

5. ¿Sobre qué sistema o aparato no actúa el calor con un efecto terapéutico general?

a) Sobre el aparato cardiocirculatorio.
b) Sobre el sistema nervioso.
c) Sobre el aparato digestivo.
d) Actúa sobre todos los anteriores.

6. ¿Qué técnica se emplea en crioterapia al aplicar sobre la superficie un agente a una temperatura inferior?

a) Radiación.
b) Conversión.
c) Conducción.
d) Convección.

7. La aplicación local de frío no tiene como efecto:

a) Palidez y frío sobre la piel.
b) El antitérmico.
c) El inflamatorio.
d) El antihemorrágico.

8. La manta eléctrica es una forma de aplicación de:

a) Calor seco.
b) Calor húmedo.
c) Frío seco.
d) Frío húmedo.

9. ¿Qué técnicas de estas no se emplea para aplicar calor seco?

a) Bolsa de agua caliente.
b) Compresas calientes.
c) Manta eléctrica y almohadilla eléctrica.
d) Lámpara de calor.

10. ¿En qué circunstancias hay que tomar medidas especiales de precaución cuando se aplica calor o frío localmente?

a) Cuando se aplica a niños/as.
b) Cuando se aplica a ancianos/as.
c) Cuando se aplica a pacientes inconscientes.
d) Cuando se aplica en todos los casos anteriores.

11. ¿En qué circunstancias de estas puede estar contraindicada la termoterapia?

a) En espasmos musculares.
b) En la menstruación con dismenorrea.

c) En grandes hematomas o hemorragias si son recientes.
d) En presencia de molestias gastrointestinales.

12. ¿Qué tiempo de aplicación debe emplearse en congestiones de la cabeza y cansancios de pies, si se da crioterapia?

a) Un cuarto de hora.
b) Diez minutos.
c) 4 a 5 minutos.
d) 30 a 60 segundos.

13. ¿En qué circunstancia de estas se contraindica la crioterapia?

a) Hemorroides.
b) Artrosis.
c) Enfermedad de Raynaud.
d) Dismenorrea.

14. ¿Qué es falso del uso de la manta eléctrica y almohadilla eléctrica empleadas en termoterapia?

a) La diferencia entre ambas es que la manta tiene mayor superficie que la almohadilla.
b) Ambas llevan en su interior una resistencia eléctrica.
c) Son variantes de aplicación de calor húmedo.
d) No se emplean en crioterapia.

15. ¿Cuál es el tiempo de aplicación normalmente de calor mediante lámpara de infrarrojos?

a) 1 a 3 minutos.
b) 10 a 20 minutos.
c) 21 a 27 minutos.
d) 30 minutos.

16. ¿Por qué medio se transmite el calor mediante la aplicación de ceras o baños de parafina?

a) Por conducción.
b) Por convección.
c) Por radiación.
d) Por conversión.

17. ¿Qué técnica no se aplica en el modo de transferencia de calor de los empleados en termoterapia por conversión?

a) Mediante radiación de microondas.
b) Mediante ultrasonidos.

c) Mediante onda corta.
d) Mediante compresas.

18. El mejor beneficio se logra manteniendo la bolsa de hielo sobre el lugar indicado en crioterapia durante:

a) Unos 30 minutos, para después descansar durante una hora y volver a realizar la aplicación.
b) Unos 30 minutos, para después descansar durante media hora y volver a realizar la aplicación.
c) Unos 20 minutos, para después descansar durante una hora y volver a realizar la aplicación.
d) Unos 20 minutos, para después descansar durante media hora y volver a realizar la aplicación.

19. ¿Para qué zonas corporales se emplean los remojos fríos?

a) Cabeza y cara.
b) Tórax y espalda.
c) Manos, brazos, pies, piernas y región perineal.
d) Abdomen y zona lumbar.

20. ¿Qué término se emplea para aquellas aplicaciones de placas calientes compuestas de barro y parafina en una zona concreta del cuerpo?

a) Peloides.
b) Pseudoparafinas.
c) Termóforos.
d) Parafangos.

En MADTEST tienes **más preguntas de este tema**, y todos tus avances quedan registrados y se reflejan en el ranking.

¡Supera tus límites con MADTEST!

Solución al test n.º 16

1. a) Fisioterapia.

2. c) Electroterapia.

3. c) Crioterapia.

4. a) Sobre la piel.

5. d) Actúa sobre todos los anteriores.

6. c) Conducción.

7. c) El inflamatorio.

8. a) Calor seco.

9. b) Compresas calientes.

10. d) Cuando se aplica en todos los casos anteriores.

11. c) En grandes hematomas o hemorragias si son recientes.

12. d) 30 a 60 segundos.

13. c) Enfermedad de Raynaud.

14. c) Son variantes de aplicación de calor húmedo.

15. b) 10 a 20 minutos.

16. a) Por conducción.

17. d) Mediante compresas.

18. a) Unos 30 minutos, para después descansar durante una hora y volver a realizar la aplicación.

19. c) Manos, brazos, pies, piernas y región perineal.

20. d) Parafangos.

Oxigenoterapia: Métodos de administración de oxígeno, precauciones y métodos de limpieza del material

1. ¿Qué tipo de epitelio posee la capa mucosa que tapiza las fosas nasales?

a) Cúbico.
b) Plano.
c) Cilíndrico ciliado.
d) Cilíndrico sin cilios.

2. ¿Cuánto mide aproximadamente la faringe en cm?

a) 4.
b) 8.
c) 12.
d) 2.

3. ¿Dónde está la epiglotis?

a) En la faringe.
b) En la laringe.
c) En la tráquea.
d) En el esófago.

4. ¿Cómo se denominan las estructuras tubulares bronquiales que no poseen anillos cartilaginosos?

a) Bronquios principales.
b) Bronquios primarios.
c) Bronquiolos.
d) Bronquios secundarios.

5. ¿Cómo se denominan las estructuras bronquiales extrapulmonares?

a) Bronquios principales.
b) Bronquios terciarios.

c) Bronquiolos.

d) Bronquios secundarios.

6. ¿Cómo se denomina la capa muy fina que envuelve los pulmones?

a) Pleura.

b) Mediastino.

c) Hilios.

d) Alveolos.

7. ¿Qué tipo de mecanismo se emplea en el intercambio de gases a nivel alveolocapilar en pulmones?

a) Difusión simple o difusión.

b) Transporte activo.

c) Pinocitosis.

d) Fagocitosis.

8. ¿Qué es falso de la circulación menor?

a) En ella hay dos venas pulmonares que van a aurícula derecha.

b) La sangre arterial circula por las venas pulmonares.

c) La sangre que transportan las arterias pulmonares está cargada de dióxido de carbono y empobrecida en oxígeno.

d) La hematosis es el fenómeno de intercambio de gases a nivel alveolocapilar.

9. ¿Cuánto volumen de aire entra en una inspiración normal en nuestros pulmones?

a) Cuarto de litro.

b) Medio litro.

c) Un litro.

d) Cinco litros.

10. ¿Qué circunstancia se da cuando la saturación de oxígeno en sangre unido a hemoglobina es del 80 %?

a) De saturación grave.

b) De saturación moderada.

c) De saturación leve.

d) No existe desaturación.

11. Se define bronquitis crónica cuando hipersecreción de moco y la tos productiva crónica recurrente durante un mínimo de:

a) Tres meses al año en dos años consecutivos.

b) Tres meses al año en tres años consecutivos.

c) Dos meses al año en tres años consecutivos.
d) Dos meses al año en dos años consecutivos.

12. ¿A qué se denomina cambios destructivos de las paredes alveolares y agrandamiento de espacios aéreos distales a los bronquios terminales, no respiratorios de forma irreversible?

a) Bronquiectasia.
b) Enfisema.
c) Bronquitis.
d) EPOC.

13. Las bronquitis agudas son más frecuentes en:

a) Niños y ancianos.
b) Mujeres embarazadas y ancianos.
c) Niños y adultos fumadores.
d) Ancianos y adultos no fumadores.

14. ¿Qué disnea es típica del asma bronquial?

a) Disnea paroxística.
b) Disnea espiratoria.
c) Disnea diurna.
d) Disnea de decúbito.

15. ¿Cuál es la causa más frecuente de un neumotórax espontaneo secundario?

a) EPOC.
b) Traumatismo.
c) Cirugía torácica.
d) Catamenial.

16. ¿Cómo se denominan los respiradores que permiten regular solamente la presión de insuflación y exigen una estrecha vigilancia del paciente?

a) Respiradores automáticos.
b) Respiradores de volumen.
c) Respiradores semiautomáticos.
d) Respiradores de presión.

17. ¿Qué intubación endotraqueal es la más empleada en la práctica?

a) Intubación orotraqueal.
b) Intubación nasotraqueal.

c) Intubación con transiluminación.
d) Intubación laringotraqueal.

18. ¿Cómo se denomina aquel trastorno qué aparece en la hipoventilación alveolar y se caracteriza por una PaCO$_2$ elevada y un pH bajo?

a) Acidosis respiratoria.
b) Alcalosis respiratoria.
c) Acidosis metabólica.
d) Alcalosis metabólica.

19. ¿Qué se denomina por fallo del sistema respiratorio en una o en ambas de las funciones de intercambio gaseoso: la oxigenación de la sangre arterial y la eliminación del anhídrido carbónico?

a) Insuficiencia respiratoria.
b) EPOC.
c) Enfisema.
d) Atelectasia.

20. ¿Qué tipo de dispositivo se usa específicamente para suministrar oxígeno humidificado y calentado en pacientes con insuficiencia respiratoria aguda?

a) Concentradores de oxígeno portátiles.
b) Mascarillas de alto flujo.
c) Sistemas de oxígeno transnasal.
d) Dispositivos de conservación de oxígeno.

En MADTEST tienes **más preguntas de este tema**, y todos tus avances quedan registrados y se reflejan en el ranking.

¡Supera tus límites con MADTEST!

Solución al test n.º 17

1. c) Cilíndrico ciliado.

2. c) 12.

3. b) En la laringe.

4. c) Bronquiolos.

5. a) Bronquios principales.

6. a) Pleura.

7. a) Difusión simple o difusión.

8. a) En ella hay dos venas pulmonares que van a aurícula derecha.

9. b) Medio litro.

10. a) De saturación grave.

11. a) Tres meses al año en dos años consecutivos.

12. b) Enfisema.

13. c) Niños y adultos fumadores.

14. a) Disnea paroxística.

15. a) EPOC.

16. d) Respiradores de presión.

17. a) Intubación orotraqueal.

18. a) Acidosis respiratoria.

19. a) Insuficiencia respiratoria.

20. b) Mascarillas de alto flujo.

TEST N.º 18

**Atención y cuidados del paciente en las necesidades de higiene.
Técnica de higiene del paciente encamado: total y parcial.
Técnica de baño asistido (ducha y bañera)**

1. ¿Qué elemento o elementos anatómicos de estos no pertenece al sistema tegumentario?

a) Piel.
b) Pelos.
c) Uñas.
d) Cartílagos.

2. El tejido celular subcutáneo de la piel se denomina:

a) Dermis.
b) Hipodermis.
c) Epidermis.
d) Tejido de Malpighio.

3. ¿Dónde no hay glándulas sebáceas?

a) En axilas.
b) En plantas del pie y palmas de las manos.
c) En cuero cabelludo.
d) En cara.

4. ¿Cómo se denomina la parte de las uñas que se observa en sus zonas proximales en forma de zona blanquecina semicircular?

a) Cutícula.
b) Lúnula.
c) Bulbo.
d) Médula.

5. ¿Cómo se denomina la lesión primaria de la piel, elevada, circunscrita, infiltrada, producida por inflamación crónica y que deja cicatriz cuando resuelve?

a) Tubérculo.
b) Roncha.
c) Habón.
d) Vesícula.

6. ¿Qué lesión elemental primaria de la piel es aquella que se manifiesta sobreelevada y de contenido sólido, inferior a 1 cm de diámetro?

a) Pápula.
b) Mácula.
c) Púrpura.
d) Ampolla.

7. ¿Qué lesión secundaria y elemental de la piel es producida por desecación de exudados o sangre?

a) Pústula.
b) Escama.
c) Costra.
d) Liquenificación.

8. Una erosión en la piel se define como aquella lesión elemental que se manifiesta como:

a) Una pérdida superficial de la epidermis que cura sin cicatriz.
b) Una solución de continuidad que afecta a epidermis y dermis papilar.
c) Una pérdida de sustancia que afecta a epidermis, dermis y tejido subcutáneo.
d) Una pequeña elevación cutánea parecida a la ampolla pero contiene en su interior pus.

9. ¿Qué dermatosis es muy frecuente en adolescencia (hasta en el 80 %)?

a) Acné.
b) Psoriasis.
c) Vitíligo.
d) Forúnculos.

10. ¿Qué infección de la piel es vírica?

a) Psoriasis.
b) Herpes simple.
c) Forúnculo.
d) Escabiosis.

11. La denominada vulgarmente como "ladilla" la ocasiona:

a) *Pediculis humanus capitis*.
b) *Pediculis humanus corporis*.
c) *Phthirus pubis*.
d) *Pediculis scrotae*.

12. La escabiosis es otra denominación de:

a) La sarna.
b) La pediculosis.
c) La psoriasis.
d) El nevus cutáneo.

13. La afección de la piel conocida como "manchas vino de Oporto" se corresponde a:

a) Nevus azul.
b) Angiomas planos.
c) Angiomas cavernosos.
d) Nevus melanocítico congénito o adquirido.

14. ¿Qué es falso del melanoma?

a) Es un tumor maligno de la piel.
b) Se da más frecuentemente en sujetos de piel oscura o morena intensa, sin necesidad de exponerse al sol.
c) Es un melanoma con poca o nada de pigmentación es un factor de mal pronóstico.
d) Es más frecuentes en mujeres.

15. ¿Qué baño es aquel que, aun conservando la movilidad, el paciente no puede levantarse, por lo que él asume su higiene siendo auxiliado en caso necesario por la enfermera?

a) Baño completo en la cama.
b) Baño en la cama.
c) Baño parcial.
d) Baño kinestésico.

16. ¿Qué elementos o materiales necesarios para el aseo del paciente son de lavado?

a) Hule.
b) Manta de baño.
c) Esponjas y guantes.
d) Cuña.

17. El lavado de cabellos del paciente debe realizarse aproximadamente:

a) Todos los días.
b) Cada tres días.
c) Una vez a la semana.
d) Depende de la suciedad que este tenga.

18. ¿Cuál debe ser la temperatura del agua para el baño, si se realiza la técnica del baño completo en la cama?

a) 180 ºC.
b) 22-24 ºC.
c) 30-32 ºC.
d) 37-40 ºC.

19. ¿En qué posición debe colocarse al paciente para llevar a cabo la higiene del cabello?

a) En posición de Trendelenburg.
b) En posición de Roser o Proetz.
c) En posición de Morestín.
d) En posición de Sims.

20. ¿Qué zona de la uña indica la incógnita de la imagen?

a) Placa ungueal.
b) Lúnula.
c) Eponiquio.
d) Cutícula.

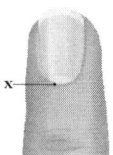

Solución al test n.º 18

1. d) Cartílagos.

2. b) Hipodermis.

3. b) En plantas del pie y palmas de las manos.

4. b) Lúnula.

5. a) Tubérculo.

6. a) Pápula.

7. c) Costra.

8. a) Una pérdida superficial de la epidermis que cura sin cicatriz.

9. a) Acné.

10. b) Herpes simple.

11. c) *Phthirus pubis*.

12. a) La sarna.

13. b) Angiomas planos.

14. b) Se da más frecuentemente en sujetos de piel oscura o morena intensa, sin necesidad de exponerse al sol.

15. b) Baño en la cama.

16. c) Esponjas y guantes.

17. c) Una vez a la semana.

18. d) 37-40 ºC.

19. b) En posición de Roser o Proetz.

20. c) Eponiquio.

TEST N.º 19

Atención y cuidados del paciente en las necesidades de eliminación: generalidades. Sondajes, ostomías y enemas: tipos, manipulación y cuidados. Técnica de recogida de muestras biológicas. Gestión de residuos sanitarios: clasificación, transporte y eliminación

1. ¿Qué huesos de la cabeza intervienen en la formación del paladar duro?

a) Palatinos y maxilares.
b) Cigomáticos y maxilares.
c) Cigomáticos y palatinos.
d) Unguis y palatinos.

2. ¿Qué papilas linguales de estas no son gustativas?

a) Caliciformes.
b) Filiformes.
c) Fungiformes.
d) Todas son gustativas.

3. ¿Qué músculo forma el esfínter esofágico superior?

a) El músculo hioideofaríngeo.
b) El músculo tirocricoideo.
c) El músculo cricofaríngeo.
d) Ninguno de los anteriores.

4. ¿Cuál es el conducto de salida de la saliva a la boca de las glándulas parótidas?

a) Conducto de Stenon.
b) Conducto de Warton.
c) Conducto de Rivinus.
d) Conducto de Walter.

5. Sinónimo de ptialismo es:

a) Sialonco.
b) Sialorrea.
c) Sialosquesis.
d) Sialodoquitis.

6. El peso del hígado (en gramos) de un adulto está en torno a los:

a) 950.
b) 1200.
c) 1500.
d) 2500.

7. ¿Cuál es la víscera más voluminosa de nuestro cuerpo?

a) Páncreas.
b) Hígado.
c) Estómago.
d) Tiroides.

8. ¿Cómo se denomina el paso del bolo de faringe a esófago?

a) Tragación.
b) Masticación.
c) Maceración.
d) Deglución.

9. ¿En qué zona del intestino delgado se absorbe más sodio?

a) En el duodeno.
b) En el íleon.
c) En el yeyuno.
d) En el ciego.

10. Las pequeñas hemorragias en un estoma se producen:

a) Por déficit de vitamina K.
b) Por déficit de hierro.
c) Por infecciones recidivantes del estoma y poca higiene local del mismo.
d) Por pequeños traumatismos al limpiar el estoma.

11. ¿A qué puede deberse la presencia de una orina de coloración negra o marrón oscura en una muestra?

a) A sangre oculta.
b) A metahemoglobina o melanina o enfermo alcaptonúrico.

MAD

c) A carboxihemoglobina o melatonina o enfermo de patología de Harnup.
d) A oxihemoglobina o melatonina.

12. ¿Cómo se denomina el estudio microbiológico de heces mediante cultivo?

a) Hemocultivo.
b) Urocultivo.
c) Coprocultivo.
d) Cultivo de Hiss.

13. ¿Qué no debe tomarse o comer durante días previos a un estudio de sangre oculta en heces para realizar adecuadamente el procedimiento de toma de muestra de la misma?

a) Aspirina.
b) Alimentos picantes.
c) Tomates y rábanos.
d) No debe tomarse nada de lo anterior.

14. Respecto a la toma de muestra de esputos todo lo que se expone es cierto, excepto que:

a) Se puede evitar la contaminación de la muestra recomendando al enfermo que se lave la boca con solución salina o agua templada antes de proceder a la recogida.
b) Se puede evitar la contaminación de la muestra tomando antiséptico justo antes de la toma de muestra.
c) La toma de muestra posee gran facilidad de contaminación por la flora orofaríngea.
d) Si es difícil conseguir que el enfermo expectore, se le puede ayudar colocándole en la posición más adecuada para el drenaje.

15. ¿Qué forma es la más correcta de obtener la muestra en heridas con exudados y pus, para su posterior estudio?

a) Mediante gasas hipoalérgicas.
b) Mediante parches adhesivos.
c) Mediante aspirado con aguja y jeringa.
d) Mediante escopia cutánea.

16. ¿En qué circunstancias la presión del LCR estará disminuida?

a) Infarto cerebral.
b) Tumor o quiste intracraneal.
c) Deshidratación.
d) Hematoma subdural.

17. ¿Qué procedimiento se llevará a cabo en la toma de muestra de secreciones de senos paranasales?

a) Mediante hisopo.
b) Mediante torunda.

c) Mediante punción del seno.

d) Mediante aspirado transtraqueal.

18. Ante la sospecha en piel de infección por hongo, la toma de muestra se efectuará mediante:

a) Aspiración.

b) Uso de hisopo.

c) Raspado con bisturí o lanceta.

d) Uso de torunda húmeda.

19. Si es por lesión del lecho ungueal para la muestra de uña se utilizará:

a) Frasco de boca ancha.

b) Hisopo.

c) Frasco de boca mediana.

d) Frasco de boca estrecha.

20. ¿Cómo se toma la muestra en cabello ante la sospecha de micosis?

a) Arrancado de varios pelos con pinzas y guardado en recipiente estéril.

b) Uso de hisopo.

c) Raspado con bisturí o lanceta.

d) Uso de torunda húmeda.

Solución al test n.º 19

1. a) Palatinos y maxilares.

2. d) Todas son gustativas.

3. c) El músculo cricofaríngeo.

4. a) Conducto de Stenon.

5. b) Sialorrea.

6. c) 1500.

7. b) Hígado.

8. d) Deglución.

9. c) En el yeyuno.

10. d) Por pequeños traumatismos al limpiar el estoma.

11. b) A metahemoglobina o melanina o enfermo alcaptonúrico.

12. c) Coprocultivo.

13. d) No debe tomarse nada de lo anterior.

14. b) Se puede evitar la contaminación de la muestra tomando antiséptico justo antes de la toma de muestra.

15. c) Mediante aspirado con aguja y jeringa.

16. c) Deshidratación.

17. c) Mediante punción del seno.

18. c) Raspado con bisturí o lanceta.

19. b) Hisopo.

20. a) Arrancado de varios pelos con pinzas y guardado en recipiente estéril.

Atención y cuidados al recién nacido, lactante y paciente pediátrico: conceptos generales y alimentación

1. ¿Cuál de estos niños puede considerarse recién nacido?

a) Si tiene tras parir su madre 27 días de vida.
b) Si tiene tras parir su madre 35 días de vida.
c) Si tiene tras parir su madre 250 días de vida.
d) Si tiene tras parir su madre 1 año de vida.

2. La primera semana de vida comprende el período:

a) Del bebé.
b) Del lactante.
c) Neonatal precoz.
d) Neonatal tardío.

3. ¿Cuál de estos consideras un neonato "a término"?

a) Aquel que nació con 32 semanas de gestación.
b) Aquel que nació con 35 semanas de gestación.
c) Aquel que nació con 38 semanas de gestación.
d) Aquel que nació con 45 semanas de gestación.

4. ¿Cómo se denomina al niño que nace antes de la 37 semana de gestación?

a) Bajo de peso.
b) Pretérmino.
c) Postérmino.
d) Hipomaduro.

5. ¿Cuánto más o menos de estos valores son adecuados para un perímetro cefálico normal a los tres días de nacer?

a) 35 cm.
b) 40 cm.

c) 45 cm.
d) 50 cm.

6. ¿Hasta qué edad el perímetro torácico es menor que el craneal o cefálico?

a) Hasta los seis meses de vida.
b) Hasta los 12 meses de vida.
c) Hasta los 18 meses de vida.
d) Hasta los 24 meses de vida.

7. La fontanela mayor o anterior no se cierra hasta:

a) Los seis meses de vida.
b) Los nueve meses de vida.
c) Los tres meses de vida.
d) Los dieciocho meses de vida.

8. El unto sebáceo es:

a) Lanugo.
b) Vérnix caseoso.
c) Dermatosebo.
d) Problema seborreico que presenta el neonato.

9. El lanugo en el neonato es:

a) Una piel sebácea con vellos gruesos en determinados lugares.
b) Un vello fino que recubre la piel más frecuentemente en frente, mejillas, hombros y espalda.
c) Un vello de mayor grosor y más corto que protege al niño al nacer.
d) Capa sebácea de la piel del neonato.

10. ¿Cuándo se cae normalmente el cordón umbilical?

a) A los 3 días.
b) A la semana.
c) A las 2 semanas.
d) Al mes.

11. ¿Cómo se llaman las primeras deposiciones del recién nacido?

a) Vérmix caseoso.
b) Melena.
c) Mecamnios.
d) Meconio.

12. ¿Qué patologías intentan prevenirse con la prueba del talón?

a) Mucopolisacaridosis I y síndrome de Marfan.
b) Fenilcetonuria e hipertiroidismo.
c) Enfermedad de Morquio e hipertiroidismo.
d) Fenilcetonuria e hipotiroidismo.

13. ¿Qué valoración del recién nacido tendría un niño con un APGAR de 8?

a) Dificultad grave.
b) Dificultad moderada.
c) Dificultad leve.
d) No hay dificultad.

14. Los neonatos prematuros inmaduros son aquellos con un peso inferior a:

a) 3.000 g.
b) 2.500 g.
c) 2.000 g.
d) 1.500 g.

15. ¿Cuál es el ángulo de dorsiflexión del pie de un neonato normal y prematuro respectivamente?

a) Del neonato normal 5º y más de 5º hasta 95º en prematuro.
b) Del neonato normal 10º y más de 10º hasta 180º en prematuro.
c) Del neonato normal 15º y más de 15º hasta 90º en prematuro.
d) Del neonato normal 0º y más de 0º hasta 90º en prematuro.

16. El jabón empleado en el baño debe tener un pH:

a) Levemente ácido.
b) Muy ácido.
c) Neutro.
d) Alcalino.

17. ¿Qué vitamina es más escasa en leche vaca?

a) Complejo B.
b) A.
c) D.
d) Ninguna.

18. ¿Qué cantidad de agua se vierte en el biberón por cada cacito raso de leche en polvo?

a) 10 cc.
b) 20 cc.
c) 30 cc.
d) 40 cc.

19. Todos los componentes que se nombran de una dieta equilibrada lo califican de básico, excepto:

a) Minerales elementales, sales minerales y agua.
b) Proteínas.
c) Hidratos de carbono o azúcares, y lípidos o grasas.
d) Fibras indigeribles.

20. ¿Quiénes van a ser el principal soporte psicológico de los niños durante su estancia hospitalaria?

a) Los facultativos.
b) El personal no sanitario: maestros, celadores, etc.
c) El personal sanitario no facultativo: enfermeros, TCAE…
d) Los padres.

En MADTEST tienes **más preguntas de este tema**, y todos tus avances quedan registrados y se reflejan en el ranking.

¡Supera tus límites con MADTEST!

Solución al test n.º 20

1. a) Si tiene tras parir su madre 27 días de vida.

2. c) Neonatal precoz.

3. c) Aquel que nació con 38 semanas de gestación.

4. b) Pretérmino.

5. a) 35 cm.

6. d) Hasta los 24 meses de vida.

7. d) Los dieciocho meses de vida.

8. b) Vérnix caseoso.

9. b) Un vello fino que recubre la piel más frecuentemente en frente, mejillas, hombros y espalda.

10. b) A la semana.

11. d) Meconio.

12. d) Fenilcetonuria e hipotiroidismo.

13. d) No hay dificultad.

14. d) 1.500 g.

15. d) Del neonato normal 0º y más de 0º hasta 90º en prematuro.

16. c) Neutro.

17. c) D.

18. c) 30 cc.

19. d) Fibras indigeribles.

20. d) Los padres.

TEST N.º 21

Atención y cuidados a la mujer gestante: generalidades. Alimentación. Ejercicio y reposo

1. Mientras no se demuestre lo contrario, toda amenorrea secundaria, incluso premenopáusica ha de valorarse como:

a) Enfermedad grave del embarazo.
b) Enfermedad grave ajena a la gestación.
c) Posible embarazo.
d) Enfermedad endocrina.

2. ¿Qué afirmación es incorrecta sobre la clínica de embarazo?

a) Los signos y síntomas son muy variables.
b) Es muy típico en el embarazo el cansancio y la tensión mamaria.
c) La clínica de embarazo es muy específica.
d) Las náuseas y los vómitos matutinos son habituales que se presenten en la gestación.

3. ¿Qué hormona es la que se detecta en el test de embarazo en orina cuando es positivo?

a) Hormona gonadotropina coriónica humana (HCG).
b) Hormona gonadotropina hipofisaria humana (HHG).
c) Prolactina (P).
d) Hormona folículo estimulante (FSH).

4. ¿Cuánto baja de peso aproximadamente el miometrio por involución una semana después del parto?

a) Una cuarta parte.
b) La mitad.
c) Tres cuartas partes.
d) El 90 %.

5. La prueba denominada test de O´Sullivan, típico en gestación, cuando da positivo se realiza a la embarazada el test llamado:

a) Tolerancia al gluten.
b) Coombs.
c) Toxoplasmosis.
d) Tolerancia oral a la glucosa.

6. ¿En qué semanas de gestación se realizará la ecografía donde se hace un estudio detallado valorando el crecimiento fetal, y descartando un retraso en el crecimiento?

a) En las semanas 8-10.
b) En las semanas 12-16.
c) En las semanas 16-22.
d) En las semanas 32-34.

7. ¿Qué circunstancia no es muy probable que se dé por el embarazo?

a) Pirosis.
b) Diarreas.
c) Hemorroides.
d) Estreñimiento.

8. ¿Cuál es el consumo diario de proteínas recomendado en gestante?

a) 0,5 g por kg de peso.
b) 1 g por kg de peso.
c) 1,5 g por kg de peso.
d) 2,5 g por kg de peso.

9. ¿Cuánto se debe consumir aproximadamente de hierro en todo el embarazo (en mg)?

a) 300.
b) 500.
c) 800.
d) 2500.

10. ¿Qué patología se previene con el consumo de yodo durante el embarazo?

a) Hipertiroidismo.
b) Enfermedad de Graves-Basedow.
c) Bocio.
d) Ninguno de los anteriores.

11. ¿Cuántas veces se recomienda bañarse a la gestante?

a) 1 vez al día.
b) 1 vez cada dos días.
c) 1 vez cada tres días.
d) 1 vez a la semana.

12. ¿Cómo se llama el parto qué ocurre a la 37 semana?

a) Parto a término.
b) Parto prematuro.
c) Parto pretérmino.
d) Parto postérmino.

13. El aborto se produce si finaliza la gestación antes de la semana:

a) 42.
b) 35.
c) 22.
d) 25.

14. ¿Cuántas fases bien diferenciadas existen en el parto?

a) 5.
b) 4.
c) 3.
d) 2.

15. El borramiento del cuello uterino produce:

a) El final de la dilatación del cuello.
b) La formación del canal del parto.
c) El inicio del alumbramiento.
d) Nada de lo anterior es cierto.

16. El periodo expulsivo se inicia en el momento en que la dilatación del orificio cervical uterino es completa, que es en cm con:

a) 5-6.
b) 7-8.
c) 10-12.
d) 20-36.

17. Con el alumbramiento se expulsa:

a) El recién nacido.
b) El líquido amniótico y el recién nacido.

c) La placenta y sus anejos (membranas…).

d) El líquido amniótico, el recién nacido y la placenta y sus anejos (membranas…).

18. ¿Cómo se denominan las pérdidas que fluyen por los genitales externos durante el puerperio?

a) Menorragias.

b) Dismenorreas.

c) Loquios.

d) Entuertos.

19. Las contracciones uterinas dolorosas propias del puerperio se denominan:

a) Contracciones de bruja.

b) Dismenorreas.

c) Loquios.

d) Entuertos.

20. ¿Cuánto debe durar aproximadamente el amamantar al bebe en cada pecho?

a) Más de 30 minutos.

b) Entre 20 a 30 minutos.

c) Entre 15 a 20 minutos.

d) Entre 10 a 15 minutos.

En MADTEST tienes **más preguntas de este tema**, y todos tus avances quedan registrados y se reflejan en el ranking.

¡Supera tus límites con MADTEST!

Solución al test n.º 21

1. c) Posible embarazo.

2. c) La clínica de embarazo es muy específica.

3. a) Hormona gonadotropina coriónica humana (HCG).

4. b) La mitad.

5. d) Tolerancia oral a la glucosa.

6. d) En las semanas 32-34.

7. b) Diarreas.

8. c) 1,5 g por kg de peso.

9. c) 800.

10. c) Bocio.

11. a) 1 vez al día.

12. a) Parto a término.

13. c) 22.

14. c) 3.

15. b) La formación del canal del parto.

16. c) 10-12.

17. c) La placenta y sus anejos (membranas…).

18. c) Loquios.

19. d) Entuertos.

20. d) Entre 10 a 15 minutos.

Infección nosocomial: concepto, cadena epidemiológica y consecuencias. Medidas de prevención de la infección hospitalaria. Normas de seguridad e higiene. Concepto de aislamiento en el hospital: procedimientos de aislamiento y prevención de enfermedades transmisibles. Lavado de manos, técnicas de colocación de equipos de protección individual

1. La persona con capacidad padecer una enfermedad infecciosa se denomina técnicamente:

a) Portador enfermo.
b) Portador sano o asintomático.
c) Huésped susceptible.
d) Huésped refractario.

2. La Epidemiología de las enfermedades transmisibles estudia los factores que van a relacionar el agente causal con...

a) El portador.
b) El ambiente.
c) El sujeto o huésped susceptible.
d) El reservorio.

3. ¿Cuál de estas afirmaciones no es correcta respecto a los postulados de Koch?

a) Siempre debemos encontrar el microorganismo en la enfermedad.
b) Se debe aislar, pero no se cultiva desde las lesiones.
c) Se reproduce la enfermedad al inocular un cultivo puro a un animal susceptible.
d) El microorganismo debe dar lugar a una respuesta inmune detectable en laboratorio.

4. ¿Cómo se denomina la relación de interacción entre agente causal y huésped cuando existe beneficio para el agente o el huésped, pero sin perjuicio para el otro?

a) Saprofitismo.
b) Simbiosis.

c) Parasitismo.
d) Comensalismo.

5. ¿Cómo se denomina la capacidad del agente etiológico para extenderse?

a) Contagiosidad.
b) Infectividad.
c) Patogenicidad.
d) Virulencia.

6. Generalmente la fuente de la enfermedad transmisible suele ser la misma que:

a) El reservorio.
b) El portador sano.
c) El huésped susceptible.
d) El huésped refractario.

7. El suelo en la cadena epidemiológica se comporta como:

a) Reservorio exclusivamente.
b) Mecanismo de transmisión exclusivamente.
c) Reservorio o mecanismo de transmisión.
d) Huésped refractario o vía de contagio.

8. ¿A qué hace referencia la definición: "Todo ser animado o inanimado, en los que el agente etiológico se reproduce y se perpetúa en un ambiente natural del que depende para su supervivencia"?

a) Reservorio.
b) Fuente de infección.
c) Fuente de contagio.
d) Fuente adicional.

9. ¿Qué es la tasa de prevalencia?

a) Nº de personas portadoras en un período/nº de personas observadas en el período x meses de observación.
b) Nº de casos positivos/personas totales en un período específico.
c) Nº de casos negativos/nº de análisis realizados.
d) Ninguna es correcta.

10. ¿Cuál de estas opciones no es un mecanismo de transmisión indirecta de una enfermedad?

a) Por el aire.
b) Por arañazos.
c) Baños.
d) Artrópodos.

11. Existe reservorio telúrico cuando existe transmisión al hombre por medio de:

a) El suelo.
b) El agua.
c) Fómites.
d) Todo lo anterior es cierto.

12. ¿Cuál es la distancia mínima para que se produzca una transmisión directa de una infección por vía aérea, aunque propiamente no exista contacto directo?

a) 1 metro.
b) 2 metros.
c) 3 metros.
d) 4 metros.

13. ¿Qué vía de transmisión de estas es la más frecuente?

a) Transplacentaria.
b) Por bebida de fuente contaminada o comida contaminada.
c) Por vía aérea.
d) Por vía venérea.

14. ¿Cuál es el último eslabón de la cadena epidemlológica?

a) Huésped susceptible (con capacidad de enfermar).
b) Huésped refractario (sin capacidad de enfermar).
c) Fuente.
d) Vector.

15. ¿Qué afirmación es incorrecta en relación a las infecciones relacionadas con la asistencia sanitaria (IRAS)?

a) Son una causa mayor de mortalidad y de sufrimiento para los pacientes.
b) Son fáciles de tratar, a pesar de estar causadas por bacterias multirresistentes (BMR).
c) Incluyen a la infección nosocomial clásica, más las infecciones adquiridas por pacientes de la comunidad en contacto con la asistencia sanitaria.
d) Generan gran frustración a los profesionales sanitarios e incremento de forma considerable el gasto económico.

16. ¿Qué Servicio o Unidad de Hospitalización presenta la mayor prevalencia de infecciones hospitalarias?

a) UCI.
b) Rehabilitación.
c) Cardiología.
d) Consultas Externas.

17. ¿Cómo se denomina la infección causada por microorganismos pertenecientes a la propia flora comensal del paciente?

a) Exógena.
b) Ecológica.
c) Endógena.
d) Es imposible que esta se dé.

18. ¿A qué se asocia en mayor porcentaje el origen de las infecciones urinarias de tipo nosocomial? Se asocia a...

a) Heridas durante el esfuerzo de orinar.
b) Contactos directos del personal de enfermería con el paciente.
c) Manipulaciones instrumentales de las vías urinarias (sondaje vesical).
d) Fómites del cuarto de aseo del paciente.

19. ¿Cuál es la principal medida preventiva para evitar las infecciones cruzadas en el hospital?

a) Lavado de mano quirúrgico.
b) Lavado de mano higiénico.
c) Lavado de mano especial.
d) Lavado de mano antiséptico.

20. ¿Qué medida no es preventiva de las infecciones respiratorias de tipo nosocomial?

a) Esterilizar los broncoscopios cada vez que se utilicen.
b) Utilizar tubos endotraqueales estériles y desechables.
c) Realizar traqueotomías con frecuencia.
d) Favorecer los tratamientos posturales y hacer fisioterapia respiratoria, motivando al paciente para que aproveche al máximo su capacidad pulmonar.

En MADTEST tienes **más preguntas de este tema**, y todos tus avances quedan registrados y se reflejan en el ranking.

¡Supera tus límites con MADTEST!

Solución al test n.º 22

1. c) Huésped susceptible.

2. c) El sujeto o huésped susceptible.

3. b) Se debe aislar, pero no se cultiva desde las lesiones.

4. d) Comensalismo.

5. a) Contagiosidad.

6. a) El reservorio.

7. c) Reservorio o mecanismo de transmisión.

8. a) Reservorio.

9. b) Nº de casos positivos/personas totales en un período específico.

10. b) Por arañazos.

11. d) Todo lo anterior es cierto.

12. a) 1 metro.

13. c) Por vía aérea.

14. a) Huésped susceptible (con capacidad de enfermar).

15. b) Son fáciles de tratar, a pesar de estar causadas por bacterias multirresistentes (BMR).

16. a) UCI.

17. c) Endógena.

18. c) Manipulaciones instrumentales de las vías urinarias (sondaje vesical).

19. b) Lavado de mano higiénico.

20. c) Realizar traqueotomías con frecuencia.

TEST N.º 23

Concepto de limpieza, infección, desinfección, asepsia y antisepsia. Desinfectantes y antisépticos: mecanismos de acción de los desinfectantes. Limpieza del material e instrumental sanitario. Métodos de limpieza y desinfección. Criterios de verificación del proceso de limpieza y acondicionamiento del material limpio. Preparación para la esterilización

1. ¿Qué tipo de agentes utiliza más frecuentemente la asepsia para conseguir matar y eliminar los microorganismos?

a) Agentes mecánicos.
b) Agentes físicos.
c) Agentes biológicos.
d) Agentes químicos.

2. El material estéril:

a) No posee ningún tipo de microorganismo patógeno.
b) No posee gérmenes tipo virus, bacterias y hongos.
c) No posee ningún tipo de microorganismo patógeno, ni microorganismo no patógeno, e incluso ni siquiera sus formas de resistencia.
d) No posee ningún tipo de microorganismo patógeno y no patógeno.

3. ¿Qué termino es sinónimo de antisepsia en la práctica?

a) Descontaminación.
b) Desinfección.
c) Esterilización.
d) Desinfestación.

4. ¿Cómo se denomina al conjunto de técnicas destinadas a la eliminación de los artrópodos?

a) Desinsectación.
b) Desinfección.

c) Esterilización.
d) Desinfestación.

5. ¿Qué insecticidas en la práctica se consideran los más importantes?

a) Asfixiantes.
b) Fumigantes.
c) Repelentes.
d) Por contacto.

6. ¿A qué grupo de insecticidas pertenece el famoso DDT?

a) Asfixiantes.
b) Fumigantes.
c) Repelentes.
d) Por contacto.

7. ¿Dónde incluirías a la aguja de Reverdin en la clasificación del instrumental quirúrgico?

a) En instrumental de Hemostasia.
b) En instrumental de sutura.
c) En instrumental de disección.
d) En instrumental de corte.

8. Dentro de la clasificación de bisturíes entra:

a) Tijeras para suturas.
b) Pinzas de Kelly.
c) Las lancetas.
d) Catgut.

9. Las pinzas utilizadas para hemostasia de menor tamaño son:

a) Pean.
b) Kelly.
c) Kocher.
d) Mosquito.

10. El instrumental quirúrgico de síntesis es el instrumental:

a) De talla o campo.
b) De sutura.

c) De hemostasia.
d) De exposición.

11. ¿Cómo se denomina el instrumental quirúrgico que sirve para que el campo operatorio esté libre y las maniobras del cirujano puedan hacerse con seguridad?

a) Instrumental quirúrgico de disección.
b) Instrumental quirúrgico de exposición.
c) Instrumental quirúrgico de aprehensión.
d) Instrumental quirúrgico de sutura.

12. Las pinzas Duval-Collin son instrumentales quirúrgicos de:

a) Aprehensión.
b) De sutura.
c) De hemostasia.
d) De exposición.

13. ¿Qué es falso de un buen desinfectante?

a) Es aquel que no es tóxico ni corrosivo.
b) Es aquel que es de bajo costo y de olor agradable.
c) Es aquel que posee un espectro reducido de acción.
d) Es aquel que es biodegradable y se puede usar diluido en agua o alcohol.

14. Una esterilización destruye o elimina:

a) Todos los gérmenes patógenos.
b) Todos los gérmenes no patógenos.
c) Las formas de resistencia o esporas.
d) Todo lo anterior.

15. ¿Qué rayos solares son considerados desinfectantes?

a) Los rayos actínicos.
b) Los rayos ultravioletas.
c) Los rayos infrarrojos.
d) Los rayos láser.

16. ¿Cómo se denomina el material sanitario que requiere de asepsia total?

a) Crítico.
b) Semicrítico.
c) No crítico.
d) Desinfectado.

17. Una prótesis de la cabeza femoral la incluirías dentro del material sanitario:

a) Crítico.
b) Semicrítico.
c) No crítico.
d) Desinfectado.

18. ¿Qué elementos de estos es de fijación?

a) Vendas.
b) Hule.
c) Celulosa.
d) Algodón hidrófilo.

19. ¿Cada cuánto se limpia el mobiliario de la habitación del paciente?

a) Se limpia cada día.
b) Se limpia cada tres días.
c) Se limpia una vez a la semana.
d) Se limpia una vez al mes.

20. ¿Cuál es la base de la realización del procedimiento de limpieza-descontaminación?

a) Realizar una observación de cómo están los materiales antes de ser llevados a la central de esterilización.

b) Hacer una limpieza preliminar y no definitiva del material e instrumental antes de ser llevados a la central de esterilización.

c) Efectuar una limpieza de los materiales, de forma que queden completamente limpios para ser llevados así a la central de esterilización.

d) Esencialmente descontaminar con seguridad los materiales antes de ser llevados a la central de esterilización, aunque no estén limpios al 100 %.

En MADTEST tienes **más preguntas de este tema**, y todos tus avances quedan registrados y se reflejan en el ranking.

¡Supera tus límites con MADTEST!

Solución al test n.º 23

1. b) Agentes físicos.

2. c) No posee ningún tipo de microorganismo patógeno, ni microorganismo no patógeno, e incluso ni siquiera sus formas de resistencia.

3. b) Desinfección.

4. a) Desinsectación.

5. d) Por contacto.

6. d) Por contacto.

7. b) En instrumental de sutura.

8. c) Las lancetas.

9. d) Mosquito.

10. b) De sutura.

11. b) Instrumental quirúrgico de exposición.

12. a) Aprehensión.

13. c) Es aquel que posee un espectro reducido de acción.

14. d) Todo lo anterior.

15. b) Los rayos ultravioletas.

16. a) Crítico.

17. a) Crítico.

18. a) Vendas.

19. a) Se limpia cada día.

20. c) Efectuar una limpieza de los materiales, de forma que queden completamente limpios para ser llevados así a la central de esterilización.

TEST N.º 24

Esterilización: Concepto. Métodos de esterilización según tipos de material. Tipos de controles. Manipulación y conservación del material estéril

1. ¿Qué método se emplea para la destrucción de todos los microorganismos y formas de resistencia de los mismos (esporas)?

a) Antisepsia.
b) Desinfección.
c) Esterilización.
d) Fumigación.

2. ¿Cuál de estos mecanismos de acción no se emplea en esterilización?

a) Muerte por calor.
b) Muerte por frío.
c) Muerte por agente químico.
d) Muerte por radiación.

3. ¿Cuál de estas técnicas de esterilización es en "frío"?

a) Mediante autoclave.
b) Mediante horno Pasteur.
c) Mediante flameado.
d) Mediante radiación gamma.

4. ¿Cuál de las siguientes ventajas e inconvenientes del autoclave es falsa?

a) Es un medio de esterilizar barato, sencillo, rápido y eficaz.
b) Es aplicable a una gran gama de materiales.
c) Las altas temperaturas de la técnica desestructura el material.
d) Son correctas todas las respuestas anteriores.

5. ¿Qué procedimiento de esterilización por calor es aquel que consiste en el uso de hornos crematorios para quemar el material de un solo uso y otros contaminados biológicamente?

a) Flameado.
b) Horno Pasteur.
c) Poupinel.
d) Incineración.

6. ¿Qué envoltorio del material a esterilizar es el más utilizado es la estufa Poupinel?

a) Bolsas de vidrio.
b) Bolsas de plomo.
c) Bolsas de aluminio.
d) Bolsas de plástico termorresistente.

7. ¿En cuál de estas técnicas de esterilización no son utilizados los métodos químicos?

a) En óxido de etileno.
b) En glutaraldehído.
c) En formol.
d) En el flameado.

8. ¿Cuánto tiempo debe estar inmerso el material que se va a esterilizar con glutaraldehído al 2 %?

a) 10 minutos.
b) 1 hora.
c) 5 horas.
d) 10 horas.

9. ¿Dónde se sitúa normalmente el Servicio de esterilización en un Hospital?

a) En su planta más alta.
b) En planta baja o sótano.
c) Siempre en la planta 3.ª
d) No importa donde se ubique.

10. ¿Cuál de estos riesgos es general en el servicio de esterilización?

a) Deshidratación por excesivo calor.
b) Caídas y cortes.
c) Quemadura en zona de incineración.
d) Explosión por uso inadecuado de óxido de etileno.

11. ¿Mediante qué procedimiento hoy día en los autoclaves modernos se comprueban las condiciones físicas de los aparatos?

a) Mediante impresión de los registros o gráfico directo de los registros de presión, tiempo y temperatura.
b) Mediante sensor térmico.
c) Mediante sensor de presión.
d) Mediante sensor de variables.

12. ¿Cuál de estos métodos de control no corresponde a controles físicos?

a) Los termómetros.
b) Los manómetros.
c) Los tubos testigos.
d) Los medidores de humedad.

13. ¿Dónde se colocan los indicadores colorimétricos como medio de control químico esencialmente térmico que comprueban si la esterilización ha funcionado?

a) Se colocan dentro del paquete a esterilizar y en zonas del interior del autoclave de difícil acceso.
b) Se colocan en el exterior en forma de cinta autoadhesiva y en zonas del interior del autoclave de difícil acceso.
c) Se colocan en el exterior en forma de cinta autoadhesiva y dentro del paquete.
d) Se colocan en el exterior en forma de cinta autoadhesiva, dentro del paquete y en zonas del interior del autoclave de difícil acceso.

14. ¿Qué técnicas de medio de control químico (testigo) se realizan en esterilización?

a) Técnicas azufradas.
b) Técnicas colorimétricas.
c) Técnicas olorimétricas.
d) Las respuestas a) y c) son correctas.

15. ¿De qué depende el período que dura una esterilización?

a) Depende del tipo de control biológico realizado y del tipo de envoltorio empleado.
b) Depende del tipo de envoltorio utilizado y del medio de transporte empleado.
c) Depende del tipo de envoltorio utilizado, de las condiciones de almacenamiento, del tipo de material, y del transporte empleado, entre otros.
d) Depende del tipo de control físico, químico y biológico realizado.

16. ¿Qué se emplea para el transporte del material esterilizado si es voluminoso?

a) Se utilizan grúas especiales.
b) Se utilizan carretillas abiertas.

c) Se utilizan bolsas de plástico cerradas.
d) Se utilizan carros herméticos.

17. El material esterilizado que se vaya a almacenar en las plantas debe ser utilizado en:

a) 6-12 horas.
b) 24-48 horas.
c) 48-72 horas.
d) 72-96 horas.

18. ¿Cuál es el tiempo de caducidad del material esterilizado dentro de las bolsas o papel mixto envasado doble y empleado para autoclaves?

a) De 3 meses.
b) De 6 meses.
c) De 9 meses.
d) De 12 meses.

19. ¿Cuál es el tiempo de caducidad del material esterilizado en las condiciones de triple barrera?

a) 1 mes.
b) 2 meses.
c) 3 meses.
d) 6 meses.

20. ¿Cuál es el tiempo de caducidad del material esterilizado dentro de los contenedores con protección de filtro?

a) 1 mes.
b) 2 meses.
c) 3 meses.
d) 6 meses.

En MADTEST tienes **más preguntas de este tema**, y todos tus avances quedan registrados y se reflejan en el ranking.

¡Supera tus límites con MADTEST!

Solución al test n.º 24

1. c) Esterilización.

2. b) Muerte por frío.

3. d) Mediante radiación gamma.

4. d) Son correctas todas las respuestas anteriores.

5. d) Incineración.

6. c) Bolsas de aluminio.

7. d) En el flameado.

8. d) 10 horas.

9. b) En planta baja o sótano.

10. b) Caídas y cortes.

11. a) Mediante impresión de los registros o gráfico directo de los registros de presión, tiempo y temperatura.

12. c) Los tubos testigos.

13. d) Se colocan en el exterior en forma de cinta autoadhesiva, dentro del paquete y en zonas del interior del autoclave de difícil acceso.

14. b) Técnicas colorimétricas.

15. c) Depende del tipo de envoltorio utilizado, de las condiciones de almacenamiento, del tipo de material, y del transporte empleado, entre otros.

16. d) Se utilizan carros herméticos.

17. b) 24-48 horas.

18. d) De 12 meses.

19. c) 3 meses.

20. d) 6 meses.

Atención y cuidados del paciente en situación terminal con necesidad de cuidados paliativos: concepto de enfermedad terminal, principales problemas, cuidados físicos y psíquicos. Duelo, tipo y manifestaciones, apoyo al cuidador principal y familia. Cuidados post-mortem

1. ¿Qué aspecto de estos es clave que se dé en cuidados paliativos, siempre que sea posible?

a) La atención hospitalaria.
b) La atención en centro de salud habitual.
c) La atención en centro de salud especializado.
d) La atención domiciliaria.

2. Respecto a los cuidados paliativos no es cierto que:

a) Mejoran la calidad de vida de los pacientes y de sus familias.
b) Alivian el dolor y otros síntomas.
c) Aceleran la muerte.
d) Afirman la vida, y consideran la muerte como un proceso normal.

3. ¿Qué pronóstico (en meses) de vida es el promedio general en pacientes terminales?

a) Está limitado a 2 meses (± 1).
b) Está limitado a 3 meses (± 2).
c) Está limitado a 6 meses (± 3).
d) Está limitado a 9 meses (± 3).

4. ¿Qué principio básico, según Beauchamp y Childress, se sintetiza con la expresión latina *primum non nocere*?

a) Justicia.
b) No maleficencia.
c) Autonomía.
d) Beneficencia.

5. ¿En qué tipo de actuaciones se basan los cuidados paliativos?

a) Eutanasia.
b) Eugenesia.
c) Distanasia.
d) Ortotanasia.

6. A toda acción que pretende terminar con la vida del enfermo para acabar con el sufrimiento se le denomina:

a) Eutanasia.
b) Distanasia.
c) Eugenesia.
d) Ortotanasia.

7. ¿Cuál de estos derechos que se nombran a continuación, de las personas adultas en situación terminal, no consideras que sea tal?

a) Derecho a recibir atención médica y soporte personal.
b) Derecho a la autodeterminación y a rechazar un tratamiento.
c) Derecho a participar en la toma de decisiones relativas a las pruebas complementarias, aunque no en el tratamiento.
d) Derecho a ser tratados con la mayor dignidad y a ver su dolor aliviado.

8. Respecto al reposo y al sueño del enfermo terminal es cierto que:

a) Son infrecuentes las irregularidades en el patrón del sueño.
b) No se deben dar hipnóticos para el sueño, aunque se prescriban por el facultativo.
c) Hay que evitar que se sienta solo, y esto lo relaja y disminuye su estrés, favoreciendo que no se den las irregularidades del sueño.
d) La causa del insomnio siempre es psicológica.

9. ¿Qué consejo en la alimentación en cuidados paliativos es incorrecto?

a) No presionar o agobiar al paciente con la comida, intentando adaptarse al "gusto" del paciente.
b) Presentar la comida de forma atractiva (la comida entra por los ojos).
c) Fraccionar la dieta en seis o siete tomas al día (más veces, menos cantidad), evitando alimentos flatulentos, muy condimentados, o/y con olores intensos.
d) Hay que obligar a comer a los pacientes, la falta de comida constituye una ded las causas de empeoramiento.

10. ¿Qué virus es el que más frecuentemente aparece en la boca de los enfermos que están recibiendo quimioterapia?

a) Cándida.
b) Virus de Epstein-Barr.

c) Citomegalovirus.
d) Herpes simple.

11. ¿Qué aspecto no posee el dolor agudo que sí lo posee el dolor crónico?

a) Posee una misión biológica.
b) Mejor vía de administración la analgesia oral/rectal.
c) Posee un comienzo de alivio rápido.
d) El paciente presenta un estado emocional ante el dolor de cansado/ansioso.

12. ¿Qué factor de esto disminuye el dolor?

a) Miedo.
b) Depresión.
c) Vejez.
d) Sueño.

13. ¿Qué dolor de estos no es nociceptivo?

a) El dolor somático, por estimulación de los receptores periféricos.
b) El dolor visceral, por infiltración, compresión o distensión de vísceras.
c) El dolor neuropático, por daño del Sistema Nervioso Central (dolor central) o periférico (desaferentización).
d) Todos son nociceptivos.

14. Todo lo que se expone del fentanilo es cierto, excepto que:

a) Es un opioide sintético.
b) El fentanilo tiene indicaciones diferentes a la morfina en el tratamiento de dolor crónico que no responda al segundo escalón de la OMS.
c) El principal inconveniente del fentanilo-TTS es su mala adherencia en pieles sudorosas o/y febriles.
d) El fentanilo está especialmente indicado en disfagia/odinofagia, cuando existe un escaso cumplimiento de la medicación oral y cuando se dan problemas en el tránsito gastrointestinal (ocasiona menos estreñimiento).

15. ¿Qué causa de la ansiedad se relaciona con las fases de duelo de la doctora Kübler-Ross?

a) Los problemas relacionados con efectos directos de la enfermedad o complicaciones médicas.
b) Las reacciones adaptativas como consecuencia de la aparición de cambios inevitables.
c) Los problemas derivados de la existencia previa de problemas psicológicos.
d) Aquellas derivadas de los efectos secundarios del tratamiento.

16. ¿Qué nivel de sedación presenta un paciente con una respuesta rápida a estímulos dolorosos/presión glabelar, según la escala de Ramsay?

a) Nivel de sedación II.
b) Nivel de sedación III.

c) Nivel de sedación IV.
d) Nivel de sedación V.

17. ¿Cómo se denomina la capacidad para comprender, aceptar y compartir los sentimientos del paciente (incluso de otras personas)?

a) Catarsis.
b) Empatía.
c) Reflexividad.
d) Eustrés.

18. ¿Qué respuestas es incorrecta?

a) Las familias necesitan atención al mismo tiempo que el paciente terminal.
b) Los familiares deben ser partícipes del plan de cuidados del paciente.
c) No es conveniente instruir a los familiares en los cuidados necesarios para el paciente.
d) El médico debe facilitar a la familia la mayor cantidad de información posible sobre el estado del paciente.

19. ¿Cuál de estas etapas de aceptación de la muerte (Kübler-Ross) suele ser cronológicamente la primera?

a) Ira.
b) Negociación.
c) Negación.
d) Aceptación.

20. ¿En qué fase según Spoken está el paciente terminal que aún no conoce el diagnóstico ni el alcance de la enfermedad, pero la familia sí?

a) Fase de despreocupación.
b) Fase de inseguridad.
c) Fase de negación.
d) Fase de comunicación de la verdad.

En MADTEST tienes **más preguntas de este tema**, y todos tus avances quedan registrados y se reflejan en el ranking.

¡Supera tus límites con MADTEST!

Solución al test n.º 25

1. d) La atención domiciliaria.

2. c) Aceleran la muerte.

3. c) Está limitado a 6 meses (± 3).

4. b) No maleficencia.

5. d) Ortotanasia.

6. a) Eutanasia.

7. c) Derecho a participar en la toma de decisiones relativas a las pruebas complementarias, aunque no en el tratamiento.

8. c) Hay que evitar que se sienta solo, y esto lo relaja y disminuye su estrés, favoreciendo que no se den las irregularidades del sueño.

9. d) Hay que obligar a comer a los pacientes, la falta de comida constituye una ded las causas de empeoramiento.

10. d) Herpes simple.

11. b) Mejor vía de administración la analgesia oral/rectal.

12. d) Sueño.

13. c) El dolor neuropático, por daño del Sistema Nervioso Central (dolor central) o periférico (desaferentización).

14. b) El fentanilo tiene indicaciones diferentes a la morfina en el tratamiento de dolor crónico que no responda al segundo escalón de la OMS.

15. b) Las reacciones adaptativas como consecuencia de la aparición de cambios inevitables.

16. c) Nivel de sedación IV.

17. b) Empatía.

18. c) No es conveniente instruir a los familiares en los cuidados necesarios para el paciente.

19. c) Negación.

20. a) Fase de despreocupación.

TEST N.º 26

**Cuidados de las úlceras por presión: concepto, factores de riesgo.
Localización y etiología. Medidas de prevención.
Movilización y cambios posturales**

1. ¿Qué es lo más importante de lo que se expone en relación con las úlceras por presión a nivel sanitario?

a) Su tratamiento.
b) Su diagnóstico.
c) Su prevención.
d) Conocer sus causas.

2. ¿En qué personas se dan más úlceras por presión?

a) En personas encamadas.
b) En personas con buena movilidad.
c) En personas bien nutridas.
d) Nada de lo anterior es cierto.

3. ¿Qué causa de estas es neurológica o nerviosa en la génesis de la úlcera por presión?

a) Parálisis.
b) Arteriosclerosis.
c) Alteraciones de la microcirculación.
d) Todo lo anterior es cierto.

4. ¿Cuáles son los planos duros que ejercen presión para que se dé la úlcera por presión?

a) El colchón o asiento sobre el que reposa el enfermo y por otro la superficie ósea del paciente.
b) Las sábanas o colchas empleadas y las manos de los cuidadores.
c) Las manos de los cuidadores y el colchón o asiento sobre el que reposa el enfermo.
d) Las manos de los cuidadores y la superficie ósea del paciente.

5. ¿Qué tipo de enfermo de estos puede tener la consciencia alterada y por ello ser más susceptible a padecer úlceras por presión?

a) Enfermos psiquiátricos sometidos a fuertes dosis de sedantes.
b) Enfermos incontinentes.
c) Enfermos con Síndrome de Cushing.
d) Ninguno de los anteriores.

6. Se padecerá de úlcera por presión cuando haya circunstancias favorables y se dé un apoyo cutáneo que sobrepase como mínimo:

a) Media hora.
b) Una hora.
c) Dos a tres horas.
d) Veinte horas.

7. En posición de sentado, la úlcera por presión aparecerá más frecuentemente en:

a) La tuberosidad isquiática.
b) La tuberosidad púbica.
c) Los acromiones.
d) Los olécranos.

8. ¿Cómo se denominan las úlceras por presión acaecidas por mecanismos de presión y roce derivados del uso de materiales empleados en un tratamiento?

a) Mecánicas.
b) Físicas.
c) Iatrogénicas.
d) Idiopáticas.

9. La aparición de úlcera iatrogénica en muñecas y pies, suele ser por:

a) Agresiones indebidas del sanitario.
b) Sujeciones mecánicas.
c) Autolesiones.
d) No se producen.

10. ¿En qué estadio está una úlcera por presión (según la *Agency for Health Care and Research*) cuando aparece un eritema que no cede al retirar el estímulo de presión en piel intacta?

a) Estadio I.
b) Estadio II.
c) Estadio III.
d) Estadio IV.

11. ¿Cómo se denomina la última fase de formación de la úlcera de presión o forma más evolucionada?

a) Fase final de exitus.
b) Fase escoriativa.
c) Fase eritematosa.
d) Fase necrótica.

12. ¿Qué estadio es la preúlcera según la clasificación del *Grupo Nacional para el Estudio y Asesoramiento sobre las Úlceras por Presión y el Grupo Europeo de Úlceras por Presión*?

a) Estadio 0.
b) Estadio 1.
c) Estadio a.
d) Estadio A.

13. ¿Cuántos parámetros se valoran en la Escala de Norton?

a) 3.
b) 4.
c) 5.
d) 6.

14. Si la incontinencia del paciente es urinaria y fecal, en ese parámetro de la Escala de Norton obtendría una puntuación de:

a) 4.
b) 3.
c) 2.
d) 1.

15. ¿Qué puntuación presentaría un paciente (Escala de Norton) con úlcera por presión que presenta un estado físico general regular, una actividad disminuida, sin incontinencia, y está sentado y confuso?

a) 24.
b) 20.
c) 13.
d) 9.

16. ¿Qué factor o factores de riegos se miden en la Escala de Braden en pacientes con úlceras por presión?

a) Percepción sensorial (capacidad para reaccionar ante una molestia relacionada con la presión).
b) Estado físico.
c) Estado mental.
d) Incontinencia.

17. ¿Cuántos parámetros se valoran en la Escala de Braden?

a) 3.
b) 4.
c) 5.
d) 6.

18. ¿Cuál es la base para la prevención y el tratamiento de las úlceras por presión?

a) Sequedad de la cama y sus útiles.
b) Sequedad de la piel del paciente y adecuada nutrición de la misma.
c) Una planificación de los cuidados de enfermería basada en la continuidad sistemática de los mismos.
d) Son ciertas las respuestas a) y b).

19. ¿Cada cuánto tiempo deben realizarse los cambios de posición en pacientes con riesgos a úlceras por presión?

a) Cada 2-3 horas.
b) Cada 4-6 horas.
c) Cada 6-8 horas.
d) Cada 12 horas.

20. ¿Cuándo no está contraindicado el masaje en la UPP?

a) Nunca está contraindicado, es aconsejable.
b) Siempre está contraindicado, está prohibido ya que la agrava.
c) Cuando no agrava la preúlcera.
d) Si la zona aún no tiene enrojecimiento (eritema).

En MADTEST tienes **más preguntas de este tema**, y todos tus avances quedan registrados y se reflejan en el ranking.

¡Supera tus límites con MADTEST!

Solución al test n.º 26

1. c) Su prevención.

2. a) En personas encamadas.

3. a) Parálisis.

4. a) El colchón o asiento sobre el que reposa el enfermo y por otro la superficie ósea del paciente.

5. a) Enfermos psiquiátricos sometidos a fuertes dosis de sedantes.

6. c) Dos a tres horas.

7. a) La tuberosidad isquiática.

8. c) Iatrogénicas.

9. b) Sujeciones mecánicas.

10. a) Estadio I.

11. d) Fase necrótica.

12. a) Estadio 0.

13. c) 5.

14. d) 1.

15. c) 13.

16. a) Percepción sensorial (capacidad para reaccionar ante una molestia relacionada con la presión).

17. d) 6.

18. c) Una planificación de los cuidados de enfermería basada en la continuidad sistemática de los mismos.

19. a) Cada 2-3 horas.

20. d) Si la zona aún no tiene enrojecimiento (eritema).

Urgencias y emergencias: Concepto. Primeros auxilios en situaciones críticas: Politraumatizados, quemados, shock, intoxicación, hemorragias, asfixias, heridas, fracturas, esguinces y luxaciones. Reanimación cardiopulmonar básica

1. Una patología que puede llevar a la muerte y que debe ser atendida en un tiempo inferior a una hora, según la OMS, es:

a) Un accidente.
b) Un siniestro.
c) Una urgencia.
d) Una emergencia.

2. El mayor pico de mortalidad originado en los politraumatizados es:

a) En la primera hora.
b) En las primeras 24 horas.
c) En las semanas posteriores.
d) La mortalidad en los politraumatizados no presenta un pico reconocido.

3. ¿Cuál es el orden en el que se debe realizar una evaluación en un paciente politraumatizado en la valoración secundaria?

a) Primero se debe realizar un examen neurológico, seguido de una exploración en busca de lesiones externas.
b) Primero se debe realizar un examen neurológico, seguido de una exploración de cabeza, cuello, tórax y abdomen.
c) La evaluación debe comenzar por la exploración de la cabeza, para seguir con cuello, abdomen y pelvis, y finalizar con un examen neurológico.
d) La evaluación debe comenzar por la exploración de cabeza, cuello, tórax, abdomen, pelvis, extremidades y finalizar con un examen neurológico.

4. ¿Qué es un traumatismo craneoencefálico?

a) Un impacto violento recibido por un sujeto en las regiones craneal y facial.
b) Un impacto recibido por un sujeto en la región craneal.

c) Una pérdida estructural de una parte del cuerpo.

d) La pérdida del conocimiento por un impacto violento en la región craneal.

5. En la inspección de las pupilas en una valoración neurológica de un paciente con traumatismo craneoencefálico, una relación entre ambas pupilas disocóricas quiere decir que:

a) Ambas pupilas son iguales.

b) Las pupilas no reaccionan.

c) Las pupilas son desiguales.

d) Las pupilas tienen forma irregular.

6. Para valorar la extensión de una quemadura se usa:

a) La regla de los 9.

b) La regla de Wallace.

c) La regla de los 10.

d) Las respuestas a) y b) son correctas.

7. ¿Qué es la uremia?

a) Es una pérdida de conciencia debido a una baja cantidad de glucosa en sangre.

b) Es una pérdida de conciencia debido a una alta cantidad de glucosa en sangre.

c) Es una complicación grave de las enfermedades del riñón, que puede provocar un estado de somnolencia capaz de llevar al coma.

d) Es una complicación leve de las enfermedades del riñón, que puede provocar un estado de somnolencia capaz de llevar al coma.

8. Las catecolaminas producen:

a) Vasoconstricción arterial y venosa, desvía el flujo de sangre de órganos no vitales a los vitales.

b) Elevación de frecuencia cardiaca y respiratoria.

c) Elevación de tensión arterial y gasto cardíaco.

d) Todas las respuestas son correctas.

9. Para poder elaborar un diagnóstico definitivo en un paciente intoxicado se debe recabar la máxima información posible. Se intentará conseguir:

a) Nombre del producto y cantidad del producto ingerido.

b) Vía de administración por la que se ha producido la ingesta y posibles mezclas.

c) Tiempo transcurrido desde la administración del producto y antecedentes patológicos previos del individuo.

d) Todas las respuestas son correctas.

10. ¿Cuál de los siguientes es el tratamiento para la intoxicación por paracetamol?

a) El tratamiento es sintomático.

b) El tratamiento indicado es el lavado gástrico incluso pasadas 12 horas, monitorización cardiaca y administración de bicarbonato sódico.

c) El tratamiento específico es la administración de su antídoto, N-acetilcisteína y si la ingesta es reciente están indicados el lavado gástrico y el carbón activado.

d) El tratamiento consiste en el lavado gástrico y carbón gástrico y la administración intravenosa de flumazenil.

11. La cánula de Guedel:

a) Es una cánula orofaríngea.

b) Se utiliza para mantener la vía aérea permeable.

c) Es un tubo de plástico abierto en su interior.

d) Todas las respuestas son ciertas.

12. Es un ritmo desfibrilable:

a) TVSP.

b) Asistolia.

c) Sinusal.

d) Bloqueo completo.

13. Si está indicada la descarga con el desfibrilador deberemos estar seguros de que:

a) El ritmo es desfibrilable.

b) El nivel de julios es el correcto.

c) Nadie toca al paciente.

d) El DESA tiene baterías.

14. ¿Cuándo se suspende la RCP básica?

a) Cuando la valoración nos indica que el paciente presenta una PCR.

b) Cuando el paciente necesita una descarga eléctrica.

c) Cuando el reanimador está exhausto.

d) Todas las respuestas son ciertas.

15. En los niños las técnicas de RCP se inician con:

a) 30 compresiones.

b) 2 ventilaciones.

c) 5 ventilaciones.

d) 15 compresiones.

16. La secuencia ideal entre compresiones y ventilaciones en los niños es de:

a) 30/2.
b) 15/2.
c) 30/1.
d) 15/5.

17. La realización de la RCP en niños debe hacerse con el niño:

a) En PLS.
b) En decúbito prono sobre una superficie dura.
c) En decúbito supino sobre una superficie dura.
d) En la posición en la que nos encontramos al paciente evitando la movilización.

18. El área de compresión en los lactantes:

a) Es en la línea intermamilar, sobre el esternón.
b) Es en el mismo lugar que en los adultos.
c) Es con 3 dedos sobre la apófisis xifoides.
d) Es justo bajo la apófisis xifoides.

19. No se considera material para la apertura de la vía aérea:

a) Pinzas de Magill.
b) Guía de tubo.
c) Tubos orofaríngeos.
d) Tabla de RCP.

20. El sulfato de magnesio es:

a) Una catecolamina.
b) Un anticolinérgico.
c) Un antiarritmico.
d) Un depresor del SNC.

En MADTEST tienes **más preguntas de este tema**, y todos tus avances quedan registrados y se reflejan en el ranking.

¡Supera tus límites con MADTEST!

Solución al test n.º 27

1. d) Una emergencia.

2. a) En la primera hora.

3. d) La evaluación debe comenzar por la exploración de cabeza, cuello, tórax, abdomen, pelvis, extremidades y finalizar con un examen neurológico.

4. a) Un impacto violento recibido por un sujeto en las regiones craneal y facial.

5. d) Las pupilas tienen forma irregular.

6. d) Las respuestas a) y b) son correctas.

7. c) Es una complicación grave de las enfermedades del riñón, que puede provocar un estado de somnolencia capaz de llevar al coma.

8. d) Todas las respuestas son correctas.

9. d) Todas las respuestas son correctas.

10. c) El tratamiento específico es la administración de su antídoto, N-acetilcisteína y si la ingesta es reciente están indicados el lavado gástrico y el carbón activado.

11. d) Todas las respuestas son ciertas.

12. a) TVSP.

13. c) Nadie toca al paciente.

14. c) Cuando el reanimador está exhausto.

15. c) 5 ventilaciones.

16. b) 15/2.

17. c) En decúbito supino sobre una superficie dura.

18. a) Es en la línea intermamilar, sobre el esternón.

19. d) Tabla de RCP.

20. c) Un antiarritmico.

Técnicas y habilidades de comunicación y relación interpersonal. Trabajo en equipo. Entrevista clínica: Concepto y características. Identificación de necesidades de apoyo emocional y psicológico al paciente, cuidador principal y familia

1. Al individuo que habla, gesticula, escribe, pinta, etc., en la comunicación, se le denomina:

a) Mensajero.
b) Fuente.
c) Receptor.
d) Destino.

2. ¿Cómo se denomina la comunicación en que se emite un mensaje por parte del emisor que llega al receptor, consiguiendo que este ejecute una tarea o una función?

a) Comunicación Horizontal.
b) Comunicación Diagonal.
c) Comunicación Vertical.
d) Comunicación Triangular.

3. ¿A qué se denomina el método que permite a una persona hacer comprensible a otra cualquier idea o hecho que se le quiere transmitir?

a) Comunicación.
b) Transmisión.
c) Explicación o charla.
d) Transferencia.

4. ¿Qué barrera del lenguaje se da por discapacidad física?

a) Neurosis.
b) Alteraciones de la memoria.
c) Ceguera.
d) Psicosis.

5. ¿Cuál es el objetivo en la relación interpersonal celador/paciente/familiar?

a) La salud.
b) La eficiencia profesional.
c) La ayuda.
d) La eficacia profesional.

6. ¿Qué término se aplica cuando en una relación interpersonal no se consigue lo que se esperaba?

a) Enojo.
b) Frustración.
c) Agresividad.
d) Deserción.

7. ¿En qué pilares ha de basarse la relación interpersonal?

a) Compromiso, objetivo común y desinterés.
b) Sinceridad, confianza y respeto.
c) Cooperación, dominación y aislamiento.
d) Confianza, creatividad, compromisos renovados y respeto mutuo.

8. ¿Cómo se denomina aquella habilidad personal que nos permite expresar sentimientos, opiniones y pensamientos, en el momento oportuno, de la forma adecuada, sin negar ni desconsiderar los derechos de los demás?

a) Compromiso.
b) Empatía.
c) Simpatía.
d) Asertividad.

9. El funcionamiento objetivo de un equipo de trabajo debe reunir todas estas características excepto:

a) Determinación del fin a obtener de modo transparente.
b) El fin a obtener debe ser conocido por todos sus miembros.
c) Descripción de soluciones mediante la utilización de las sugerencias y soluciones expuestas por los miembros.
d) Ejecución del objetivo, exclusivamente a través del líder o superior.

10. ¿Qué es falso de estas afirmaciones?

a) Un grupo de personas es siempre un equipo de trabajo.
b) Un equipo de trabajo está formado siempre por un grupo de personas.
c) Un equipo es un grupo de personas que se organiza para realizar una actividad con un objetivo preciso.
d) Grupo y equipo son dos conceptos diferentes.

11. ¿Qué se define como la integración de elementos que da como resultado algo más grande que la simple suma de estos?

a) Antagonismo.
b) Coordinación.
c) Indiferencia.
d) Sinergia.

12. El compromiso en un trabajo en equipo es:

a) Cuando cada miembro asume voluntariamente el hecho de aportar lo mejor de sí mismo, para conseguir los objetivos del grupo y de la organización en general.
b) La necesidad de poder coordinar las distintas actuaciones individuales.
c) La interdependencia positiva entre las personas participantes en un equipo.
d) Todo lo anterior es falso.

13. ¿Cuál es la cifra recomendada en cuanto a número de miembros en los equipos de salud?

a) De aproximadamente 5.
b) De aproximadamente 10.
c) De aproximadamente 15.
d) De aproximadamente 20.

14. ¿En qué etapa de la puesta en marcha de un equipo de trabajo se superan generalmente los enfrentamientos personales y el proyecto comienza a salir adelante?

a) En la etapa de inicio.
b) En la etapa de madurez.
c) En la etapa de acoplamiento.
d) En la etapa de primeras dificultades.

15. ¿Qué rol de estos consideras que es funcional de producción en un equipo de trabajo?

a) El crítico.
b) El iniciador.
c) El pícaro.
d) El negativo.

16. ¿Cómo se denomina a aquel sujeto *con capacidad para formar, orientar y dar criterio a un determinado grupo de auxiliares, en una institución sanitaria*?

a) Líder.
b) Intelectual.
c) Asertivo.
d) Prolíder.

17. ¿Qué función de un líder de un grupo multidisciplinario no es adecuada?

a) Hacer que marche y funcione sin más la organización.
b) Ordenar y controlar los conflictos internos.
c) Imbuir el espíritu del grupo.
d) Definir la misión y el papel del grupo.

18. ¿Qué estilo de comunicación favorece la cooperación y evita la confrontación?

a) Comunicación agresiva.
b) Comunicación pasiva.
c) Comunicación asertiva.
d) Comunicación manipulativa.

19. En el proceso de comunicación, ¿cuál es el principal obstáculo cuando el técnico utiliza un lenguaje que el paciente no puede descodificar?

a) Terminología científica.
b) Expresión no verbal.
c) Flujo de información excesivo.
d) Interferencias psicológicas.

20. ¿Cuál de los siguientes no es un componente de la actitud según la psicología social?

a) Componente cognoscitivo.
b) Componente afectivo.
c) Componente motivacional.
d) Componente conductual.

Solución al test n.º 28

1. b) Fuente.

2. a) Comunicación Horizontal.

3. c) Explicación o charla.

4. c) Ceguera.

5. c) La ayuda.

6. b) Frustración.

7. b) Sinceridad, confianza y respeto.

8. d) Asertividad.

9. d) Ejecución del objetivo, exclusivamente a través del líder o superior.

10. a) Un grupo de personas es siempre un equipo de trabajo.

11. d) Sinergia.

12. a) Cuando cada miembro asume voluntariamente el hecho de aportar lo mejor de sí mismo, para conseguir los objetivos del grupo y de la organización en general.

13. b) De aproximadamente 10.

14. c) En la etapa de acoplamiento.

15. b) El iniciador.

16. a) Líder.

17. a) Hacer que marche y funcione sin más la organización.

18. c) Comunicación asertiva.

19. a) Terminología científica.

20. c) Componente motivacional.

Atención y cuidados al paciente de salud mental: dispositivos y recursos, rehabilitación psicosocial, atención comunitaria y visita domiciliaria. Actividades de apoyo a la valoración y educación para la salud del paciente y su familia

1. La definición de la OMS de salud mental dice que es el resultado de la presencia de aspectos, necesarios para alcanzar un estado de completo bienestar de tipo:

a) Psicológico, afectivo y ambiental sobre la salud.
b) Psicológico, afectivo y social sobre la salud.
c) Afectivo, social y ambiental sobre la salud.
d) Físico, psicológico y social sobre la salud.

2. ¿Qué aspectos multifactoriales se recogen en un mismo individuo?

a) Aspectos físicos, psíquicos, religiosos, culturales y ambientales.
b) Aspectos físicos, psíquicos, socioeconómicos y ambientales.
c) Aspectos físicos, sociales, éticos, psíquicos y ambientales.
d) Aspectos físicos, psíquicos, sociales, culturales y ambientales.

3. ¿Qué concepto implica que el hecho de la existencia de una relación de afecto, emoción o sentimiento de la persona vaya a tener repercusiones somáticas positivas o negativas, tales como cefaleas, náuseas, diarreas, etc.?

a) El concepto de dinamismo.
b) El concepto de interacción.
c) El concepto de normalidad.
d) El concepto de aversión.

4. ¿Qué número de edición es la vigente del *Manual diagnóstico y estadístico de los trastornos mentales de la Asociación Estadounidense de Psiquiatría* (DSM)? La edición:

a) Segunda.
b) Tercera.

c) Cuarta.
d) Quinta.

5. ¿Cuántas categorías de trastornos mentales incluye la actual clasificación de trastornos mentales de la Asociación Estadounidense de Psiquiatría DSM?

a) 18.
b) 22.
c) 30.
d) 35.

6. ¿Qué clasificación de trastornos mentales recomienda la OMS que se use?

a) DSM- V.
b) CIE- 10.
c) DMS- III.
d) ASLO- V.

7. La ansiedad es un trastorno de tipo:

a) Psicótico.
b) Neurótico.
c) Sociopático.
d) Psicopático, asociado a toxicomanías.

8. ¿Qué característica presenta el nivel de ansiedad donde el individuo presenta una atención selectiva y un campo perceptivo disminuido?

a) Nivel de ansiedad leve.
b) Nivel de ansiedad moderado.
c) Nivel de ansiedad severo.
d) Ausencia.

9. El miedo irracional a los espacios abiertos se denomina:

a) Claustrofobia.
b) Dismorfobia.
c) Agorafobia.
d) Eritrofobia.

10. ¿Qué se denomina como contenidos o actividades psíquicas que se imponen en un individuo a pesar suyo?

a) Neurosis.
b) Fobia.

c) Obsesión.
d) Ilusión.

11. ¿Qué trastorno presentan las personas con el cuadro clínico típico de *flashbacks*?

a) Trastorno obsesivo-compulsivo.
b) Trastorno de estrés traumático.
c) Trastorno fóbico.
d) Trastorno de ansiedad generalizada.

12. Según la DMS los trastornos del estado de ánimo o afectivos denominados trastornos depresivos, incluyen:

a) Las fobias y los trastornos bipolares.
b) El episodio depresivo mayor, el episodio maníaco y el episodio mixto.
c) El trastorno depresivo mayor y el trastorno distímico.
d) Los trastornos bipolares y ciclotímicos.

13. ¿Qué trastorno del ánimo o afectivo (según DSM) pertenece al grupo de los trastornos depresivos?

a) Trastorno Depresivo Mayor.
b) Episodio maníaco.
c) Episodio mixto.
d) Trastorno bipolar.

14. ¿Qué otro nombre recibe los trastornos bipolares?

a) Ciclotimia.
b) Psicosis afectiva no polar.
c) Psicosis falsotímica.
d) Todos los anteriores son correctos.

15. ¿En qué momento del síndrome bipolar ciclotímico existe mayor riesgo de suicidio?

a) Al principio de la fase maníaca.
b) En el momento de la fase depresiva.
c) Al recuperarse de la fase depresiva.
d) Al recuperarse de la fase maníaca.

16. ¿Cuál es la edad de presentación más frecuente de la esquizofrenia?

a) Adolescencia y adulto joven.
b) Primera infancia.

c) Segunda infancia y adolescencia.
d) Adulto maduro (más de 45 años) y senectud.

17. La lentitud o inhibición del pensamiento que puede llegar hasta el bloqueo se denomina:

a) Taquipsiquia.
b) Bradifemia.
c) Bradipsiquia.
d) Verborrea.

18. ¿Qué modalidad de esquizofrenia se caracteriza por presentar períodos alternantes de apatía extrema y excitación intensa?

a) Esquizofrenia paranoide.
b) Esquizofrenia catatónica.
c) Esquizofrenia hebefrénica.
d) Esquizofrenia residual.

19. ¿Qué aspecto de la esquizofrenia induce a pensar que posee buen pronóstico?

a) Asociada a abuso de drogas.
b) Si es de tipo desorganizado o indiferenciado.
c) Si comienza en edad temprana.
d) Si clínicamente existe confusión y signos atípicos.

20. ¿Qué sustancias se usan para disminuir el nivel de ansiedad?

a) Benzodiacepinas.
b) Inhibidores de la monoaminooxidasa.
c) Neurolépticos.
d) Antidepresivos tricíclicos.

En MADTEST tienes **más preguntas de este tema**, y todos tus avances quedan registrados y se reflejan en el ranking.

¡Supera tus límites con MADTEST!

Solución al test n.º 29

1. b) Psicológico, afectivo y social sobre la salud.

2. b) Aspectos físicos, psíquicos, socioeconómicos y ambientales.

3. b) El concepto de interacción.

4. d) Quinta.

5. b) 22.

6. b) CIE- 10.

7. b) Neurótico.

8. b) Nivel de ansiedad moderado.

9. c) Agorafobia.

10. c) Obsesión.

11. b) Trastorno de estrés traumático.

12. c) El trastorno depresivo mayor y el trastorno distímico.

13. a) Trastorno Depresivo Mayor.

14. a) Ciclotimia.

15. c) Al recuperarse de la fase depresiva.

16. a) Adolescencia y adulto joven.

17. c) Bradipsiquia.

18. b) Esquizofrenia catatónica.

19. d) Si clínicamente existe confusión y signos atípicos.

20. a) Benzodiacepinas.

Atención y cuidados en el anciano: concepto de ancianidad, cambios físicos asociados con el envejecimiento. Apoyo a la promoción de la salud y educación sanitaria. Medidas de apoyo al cuidador

1. ¿Cuántos años aproximadamente más se incrementa la esperanza de vida en España al llegar una persona a la edad de 65 años?

a) Se incrementa aproximadamente 4 años.
b) Se incrementa aproximadamente 8 años.
c) Se incrementa aproximadamente 18 años.
d) Se incrementa aproximadamente 25 años.

2. ¿Qué factor de los que hay que tener en cuenta por el incremento de gerontes en la población es el que se traduce por un aumento de la frecuencia absoluta de enfermedades en el anciano?

a) Factor social.
b) Factor económico.
c) Factor terapéutico.
d) Factor epidemiológico.

3. La vejez propiamente dicha se denomina también:

a) Madurez precoz.
b) Decrepitud.
c) Madurez tardía.
d) Caquexia senil.

4. ¿Qué edad expresa la capacidad de mantener los roles personales y la integración social del individuo en la comunidad, para lo que se precisa conservar razonables cotas de capacidades físicas?

a) Edad cronológica.
b) Edad biológica.
c) Edad psicológica.
d) Edad funcional.

5. ¿Cómo se denomina la relación que se produce al dividir a la población ≥ de 65 años entre la población de los menores de 0 a 14 años?

a) Tasa juvenil.
b) Coeficiente de juventud.
c) Índice o coeficiente de renovación.
d) Índice de reposición.

6. ¿Qué dispositivo de carácter social o de apoyo a la convivencia consideras una institución cerrada?

a) Asilos.
b) Clubes de ancianos (hogar del pensionista).
c) Ayuda a domicilio.
d) Centros de día.

7. ¿Cuál de los dispositivos de carácter sanitario a nivel geriátrico es de segundo nivel?

a) Centros de salud.
b) Hospital de día geriátrico.
c) Hospital de cuidados continuados.
d) Ninguno de los anteriores.

8. ¿Qué circunstancias de las que se nombran son más acordes con el anciano frágil?

a) Posee una edad generalmente superior a los 65 años, con alteraciones funcionales, al límite entre lo "normal" y "patológico", en equilibrio inestable y con adaptación de los trabajos funcionales a sus posibilidades reales de rendimiento.

b) Es una persona de edad (mayor), que sufre alguna enfermedad (aguda o crónica) pero no cumple ningún otro requisito de los citados anteriormente.

c) Posee una edad generalmente superior a los 80 años, que sufre una o varias enfermedades que le producen algún riesgo de incapacidad, o una cierta incapacidad leve, que sigue tratamiento farmacológico (uno o varios medicamentos), que vive en la comunidad, generalmente solo o en compañía de otra persona mayor, que ha sufrido un cambio reciente de domicilio, o que ha estado hospitalizado en los últimos doce meses, que precisa atención profesional domiciliaria y cuyos recursos socioeconómicos son limitados.

d) Sufre problemas mentales y/o sociales en relación con su estado de salud y que requiere institucionalización.

9. ¿Qué modificaciones de la piel del anciano es incorrecta?

a) Se va volviendo descolorida.
b) Aumenta en ella el grosor de los vasos sanguíneos.
c) Se vuelve más húmeda y con ello sudorosa y menos frágil.
d) Todo lo anterior es correcto.

10. ¿Qué sentidos de estos disminuyen fisiológicamente con la ancianidad?

a) Vista.
b) Gusto.

c) Olfato.
d) Todos los anteriores.

11. ¿Qué signo o síntoma del anciano es aquel que se muestra con el cuidador en forma de agresiones verbales?

a) De miedo.
b) De aislamiento.
c) De hostilidad.
d) De deterioro cognitivo.

12. ¿Qué se define como el proceso diagnóstico, estructurado, dinámico, multidimensional e interprofesional que nos permite identificar las capacidades del mayor, los problemas y las necesidades en los ámbitos clínico, funcional, mental y socioambiental de la persona mayor?

a) La valoración geriátrica integral.
b) La valoración estructurada por Necesidades Básicas.
c) La valoración estructurada por Patrones Funcionales de Salud.
d) La valoración estructurada por Patrones Anatómicos de Salud.

13. ¿Qué objetivo no es correcto de la valoración geriátrica integral?

a) Evitar que se produzca la institucionalización del anciano.
b) Asignar los servicios, ayudas técnicas y sobre todo incorporar al paciente a los programas que más se ajustan a sus necesidades.
c) Conocer los recursos del paciente y su entorno social, familiar y ambiental.
d) Evitar dando privilegios fomentando una ubicación adecuada en caso de institucionalización del anciano.

14. Si en la Escala de Barthel, que mide las ABVD, el paciente obtiene 70 puntos, indica que es:

a) Independiente.
b) Dependiente leve.
c) Dependiente moderado.
d) Dependiente grave.

15. ¿Cuántos puntos máximo posee la Escala de Tinetti, en su primera parte dedicada al equilibrio?

a) 6.
b) 12.
c) 16.
d) 28.

16. ¿Cuántos ítems posee el Índice de Barthel?

a) 5.
b) 10.

c) 15.

d) 20.

17. ¿Qué valoración, dentro de la valoración geriátrica integral, va dirigida a identificar y evaluar alteraciones en la capacidad de realizar funciones intelectuales, de forma que nos aporte información de interés respecto a su capacidad para desarrollar sus actividades cotidianas, incluido el trabajo, así como su capacidad de autocuidado?

a) Valoración clínica.

b) Valoración funcional.

c) Valoración cognitiva.

d) Valoración social.

18. ¿Cuál es la puntuación que nos marca el punto de corte ante una depresión moderada en el test de Hamilton (Rating Scale para Depresión de Hamilton)?

a) Puntuación de 18.

b) Puntuación de 12.

c) Puntuación de 8.

d) Puntuación de 4.

19. ¿Cuántos ítems posee la Escala Social de Gijón?

a) 3.

b) 4.

c) 5.

d) 6.

20. ¿Cada cuánto tiempo el anciano debe hidratar las uñas y su cutícula para mantenerlas blandas y evitar que se rompan?

a) Cada día.

b) Cada tres días.

c) Cada semana.

d) Cada mes.

Solución al test n.º 30

1. c) Se incrementa aproximadamente 18 años.

2. d) Factor epidemiológico.

3. c) Madurez tardía.

4. d) Edad funcional.

5. c) Índice o coeficiente de renovación.

6. a) Asilos.

7. b) Hospital de día geriátrico.

8. c) Posee una edad generalmente superior a los 80 años, que sufre una o varias enfermedades que le producen algún riesgo de incapacidad, o una cierta incapacidad leve, que sigue tratamiento farmacológico (uno o varios medicamentos), que vive en la comunidad, generalmente solo o en compañía de otra persona mayor, que ha sufrido un cambio reciente de domicilio, o que ha estado hospitalizado en los últimos doce meses, que precisa atención profesional domiciliaria y cuyos recursos socioeconómicos son limitados.

9. c) Se vuelve más húmeda y con ello sudorosa y menos frágil.

10. d) Todos los anteriores.

11. c) De hostilidad.

12. a) La valoración geriátrica integral.

13. d) Evitar dando privilegios fomentando una ubicación adecuada en caso de institucionalización del anciano.

14. b) Dependiente leve.

15. c) 16.

16. b) 10.

17. c) Valoración cognitiva.

18. a) Puntuación de 18.

19. c) 5.

20. a) Cada día.

Cómo acceder al Curso

Técnico/a en Cuidados Auxiliares de Enfermería
Test del temario

El uso de los códigos **es exclusivo de los compradores de los productos de Editorial MAD**. Cada producto posee un código único y de un solo uso. Es personal e intransferible y da acceso a servicios y contenidos adicionales. Editorial MAD se reserva el derecho de hacer cuantas comprobaciones sean necesarias para identificar al legítimo poseedor del código y dejar de dar servicio a quien haga uso fraudulento del mismo, además de emprender cuantas acciones legales estime oportunas según la legislación vigente.

Deberás acceder a:

mad.es/registro-campus

Si una vez aceptadas las condiciones de uso del Campus decides hacer uso del mismo, necesitarás del siguiente código de acceso junto con los códigos del resto de títulos que se exigen (si fuera el caso):

H2YWMF9N6Z